Christine Fischer

Glücksorte in Dresden

Fahr hin & werd glücklich

Dieses

Glücksbuch

ist für

Liebe Glücksuchende,

„So schön haben wir uns Dresden nicht vorgestellt …" Diese Worte höre ich oft, wenn ich Gästen meine Stadt zeige. Sie bestaunen den Reichtum an Sehenswürdigkeiten von Weltruhm. Sie loben die saubere, auffallend grüne Stadt. Sie plaudern trotz oder gerade wegen des gewöhnungsbedürftigen Dialekts gern mit den Einheimischen.
Diese Buch versammelt 80 sorgsam von mir ausgewählte Tipps.
Was gar nicht so einfach war bei einer Kunst-, Barock- und Musikstadt wie Dresden. Zudem ist sie flächenmäßig die viertgrößte kreisfreie Stadt Deutschlands. Von der Elbe geteilt in Altstadt und Neustadt. Zwei gleichwertige Stadtteile, die gegensätzlicher nicht sein könnten. Die Altstadt stolz, solide, weltoffen, mit grandioser Historie – das Touristen-Mekka schlechthin. Die Neustadt verlockend anders, immer geradeaus oder einfach mittendurch, Hauptsache unangepasst und kreativ in Kunst und Lebensart.
Gut und gern hätte ich aus beiden Stadtteilen noch weitere Glück verheißende Orte vorstellen können. Meine Suche nach Glücksorten brachte letztlich einen kunterbunten Mix hervor, der die unterschiedlichsten Interessen berücksichtigt. Deshalb stelle ich den Mosaikbrunnen im Großen Garten und das Café Toscana ebenso vor wie die Elbdampfer, die Pferderennbahn oder das Brauhaus am Waldschlösschen. Auch Tipps für Kinder sind dabei. Zum Beispiel der Zirkusbrunnen, die Parkeisenbahn oder das Museum für Sächsische Volkskunst.
Aber schauen Sie, liebe Leser, am besten selbst! Ich wünsche Ihnen viel Freude beim Stöbern und hoffe, dass Sie Ihre ganz persönlichen Glücksorte in Dresden finden.

Ihre Christine Fischer

Deine Glücksorte …

... noch mehr Glück für dich

Hauptstraße ohne Verkehr

1 Am Goldenen Reiter

Über Sachsens Landesgrenzen hinaus ist August der Starke vielen Menschen bekannt. Mit dem Standbild des Goldenen Reiters auf der Hauptstraße setzte er sich ein bleibendes Denkmal. Etwas uncharmant wenden Pferd und Reiter der damals kursächsischen Residenz der Wettiner den Rücken zu. Dafür hatte Majestät gute Gründe, denn über diese Straße – die Verlängerung der historischen Augustusbrücke – führte ihn einst sein Ritt zur Stadt hinaus bis nach Polen. Dort verwaltete er sein mit viel Geld und einem Glaubensübertritt erkauftes Königreich.

Der Betrachter dieser vergoldeten Selbstdarstellung fragt sich, weshalb der selbstbewusste Regent kein barockes, zeitgemäßes Gewand trägt, sondern die Prunktracht eines römischen Cäsaren. Die Antwort ist beredtes Zeugnis für Friedrich Augusts hochgestecktes Ziel und seinen starken Willen, mit dem er selbiges zu erreichen gedachte. Er sagte: „Ich bringe die Wettiner auf den Kaiserthron!" Durch die Vermählung seines Sohnes mit der Kaisertochter Erzherzogin Maria Josepha von Österreich wäre ihm das auch beinahe gelungen. Beinahe!

Heute hört die Hauptstraße weder Pferdegetrappel noch das Geratter von Kutschen. Sie hat sich zur Allee gewandelt und zählt zu den beliebtesten Einkaufsmeilen Dresdens. Umsäumt von stattlichen Platanen und bunten Blumenrabatten kann man sich hier nach einem Spaziergang durch den Altstadtkern sehr gut erholen.

Für das leibliche Wohl ist auf der Hauptstraße bestens gesorgt. Von der Augustusbrücke kommend lädt bereits am Beginn der Straße, rechts des Goldenen Reiters, das Eiscafé Venezia mit süßen Verführungen ein, während links Watzkes Brauereiausschank mit deftigen Speisen aufwartet. Café und Lokal bieten in der warmen Jahreszeit genügend Außenplätze. Bei schönem Wetter ist die Nachfrage besonders groß. Auch wegen des tollen Blicks auf die Silhouette der Altstadt. Hier zu sitzen, lässt kulturgestresste Touristen die Anstrengungen des Tages vergessen. Und auch die Dresdner kommen gern auf die Hauptstraße zum Genießen und Verweilen.

- Eiscafé Venezia, Hauptstraße 2 a, 01097 Dresden, venezia-dresden.de
- Watzkes Brauereiausschank, Hauptstraße 1, 01097 Dresden, watzke.de
- ÖPNV: Haltestelle Neustädter Markt

Ganz in Gold

2 Der Mozartbrunnen

Mal abschalten, Ruhe tanken, die lebhafte Stadt hinter sich lassen. Am Mozartbrunnen gelingt das auch demjenigen, der sich in den Dresdner Kunsttempeln die Beine müde gelaufen hat oder in den Kaufhäusern entlang der Prager Straße auf Shoppingtour war. Denn der Brunnen steht nur wenige Fußminuten vom zentral gelegenen Rathaus entfernt. Die drei Grazien Ernst, Anmut und Heiterkeit haben gut tanzen auf ihrem Sandsteinpostament, symbolisieren sie doch das Wesen und die Vielfalt der Musik von Wolfgang Amadeus Mozart. Das zu erkennen wird nicht jedem Betrachter auf Anhieb gelingen. Trotzdem ist die überlebensgroße Figurengruppe ein echter Hingucker. Allein schon wegen ihrer Vergoldung. Das edle Material suggeriert uns Schönheit, Vollkommenheit, Reichtum. In diesem Fall jedoch erschöpft sich der Reichtum im optischen Genuss. Denn Blattgold auf Bronze geschlagen hat durchschnittlich eine Dicke von nur 1/2000 Millimetern. Dennoch sind die vergoldeten Figuren beredtes Zeugnis der Verehrung für den genialen Musiker und Komponisten.
Mozart beehrte Dresden nur ein einziges Mal zu Ostern 1789. Einer der Höhepunkte war damals der Orgelwettstreit zwischen Mozart und dem hochgeschätzten Erfurter Organisten Johann Wilhelm Häßler. Keine Frage, wer den Wettstreit gewonnen hat.
Der Luftangriff am 13. Februar 1945 hat die Figuren und die Einfassung des Brunnens stark beschädigt. Am 5. Dezember 1991 – an Mozarts 200. Todestag – konnte er nach aufwendiger Rekonstruktion wieder der Öffentlichkeit übergeben werden. Seitdem erwacht auch der englische Landschaftsgarten „Bürgerwiese", in dem der Brunnen steht, zu neuem Leben. Die Anlage überrascht den Besucher mit weiteren wertvollen, teilweise rekonstruierten Großplastiken.
Bei einem Spaziergang durch den Park drängt sich die Frage auf, welcher der drei in Wien, Dresden und Sankt Gilgen aufgestellten Mozartbrunnen denn nun der schönste sei. Noch reizvoller wäre die Frage: Was würde Mozart zu dieser goldenen Verehrung sagen?

● Landschaftsgarten Bürgerwiese, 01069 Dresden
(neben dem Deutschen Hygiene-Museum)
● ÖPNV: Haltestelle Georg-Arnhold-Bad

MOZART

Kunst im Gaswerk

3 Das Panometer

Die Treppen des früheren Gasometers sind erklommen. Wir stehen auf dem 15 Meter hohen Podest. Genau genommen stehen wir auf dem Turm der Katholischen Hofkirche. Über ihr Dach hinweg blicken wir auf die barocke Stadt. Mit großer Wahrscheinlichkeit hat sie um das Jahr 1756 so ausgesehen. Wir schauen und staunen. Unsere Blicke wandern über ein längst vergangenes Dresden, und dennoch sind wir mittendrin. Hat irgendwer die Zeit zurückgedreht?

Es wird dunkel. Blassblaues Schummerlicht umhüllt die Dächer. Am Horizont zeigen sich schwach die Meißner Weinhänge und die Erhebungen des Elbsandsteingebirges. Ein Hahn kräht. Dresden erwacht. Musik erklingt. Weiche, einfühlsame Musik. Die aufgehende Sonne erwärmt die Stadt. Die Menschen gehen ihrem Tagwerk nach. Auf dem Dach der Hofkirche wird fleißig gehämmert. Vom Schlossturm gegenüber genießen Mitglieder des Hofes die Aussicht. Auf der Augustusbrücke herrscht reges Treiben. Rasch zieht der Tag vorüber. Über dem Japanischen Palais erhellt ein Feuerwerk den Abendhimmel. August der Starke wird der Initiator sein, wer sonst. Im Nordosten zieht drohend ein Gewitter auf. Bereits am Nachmittag hatten dunkle Wolken es angekündigt. Wir hören Marschschritte, rhythmische Trommelschläge. Ist das die herannahende preußische Armee, die im Sommer 1760 große Teile Dresdens zerstören wird? Um Mitternacht dreht der Nachtwächter seine Runde. Es wird still und dunkel. Eine Katze miaut. Der neue Tag beginnt, und mit ihm beginnt auch aufs Neue die zauberhafte Illusion, die uns das Rundbild des Künstlers Yadegar Asisi bereitet. Seit dem Jahr 2006 zeigt er verschiedene, überaus beeindruckende Panoramabilder.

Die Leinwand ist 27,5 Meter hoch und 108 Meter breit. Wechselnde Ausstellungen im Erdgeschoss ergänzen das Panorama. Wer sich darauf einlässt, ist berührt. Will den Wechsel von Tag und Nacht noch einmal erleben, wieder und wieder. Dresden zur Zeit des Barock. Die Erinnerung wird lange bleiben.

- Panometer Dresden, Gasanstaltstraße 8 b, 01237 Dresden
panometer.de
- ÖPNV: Haltestelle Nätherstraße oder Liebstädter Straße,
ca. 10 Minuten Fußweg über Winterbergstraße

asisi

Im Galopp

4 Auf der Pferderennbahn in Seidnitz

„Alles Glück dieser Erde liegt auf dem Rücken der Pferde." Der Schöpfer dieses Slogans ist längst verblichen, und nicht jeder, der Pferde mag, kann sich auf ein solches schwingen und davonreiten. Doch der tiefere Sinn des Spruchs gilt nach wie vor: hinaus in die freie Welt, hinein ins Abenteuer! Freunde des Pferdesports empfinden es ganz sicher als großes Glück, wenn sich in ihrem Urlaubsort eine Pferderennbahn befindet und spannende Rennen angesagt sind. Wie in Dresden!

Die Rennbahn im Stadtteil Seidnitz existiert seit dem Jahr 1891. Die Liebe zu Pferdewettrennen entdeckte Dresden bereits 40 Jahre zuvor. Erste Rennen gab es im Jahr 1851 auf Exerzierplätzen im Ostragehege und in der Neustadt. Trotz moralischer Bedenken gewisser Kreise war die Leidenschaft für Pferdewettrennen nicht aufzuhalten. Herren des später in Dresdener Rennverein 1890 e. V. umbenannten Vereins organisierten immer häufiger derartige Rennen.

In der Vereinschronik heißt es: „ ... zum Wohle der deutschen Pferdezucht und zum Vergnügen breiter Bevölkerungskreise". Am 7. Mai 1891 wurde die Rennbahn in Seidnitz eröffnet. Und das mit ausverkauften Tribünen an allen sieben Renntagen. Ein großartiger Erfolg. Moralische Bedenken schwanden schlagartig, nachdem König Albert und Mitglieder des sächsischen Hofes sich öfters in Seidnitz die Ehre gaben und zudem hochkarätige Preise auslobten.

Seit nunmehr 125 Jahren genießt die Seidnitzer Galopprennbahn einen hervorragenden Ruf. Bis auf wenige kleinere Gebäude steht sie als Flächendenkmal unter Denkmalschutz. Renommierte Rennställe aus ganz Deutschland beteiligen sich an den begehrten Preisrennen, wie dem Dresdner Jubiläumspreis, der seit 1901 alle 10 Jahre stattfindet. Freunde des Pferdesports kommen gern in das 43 Hektar große Areal, das einem riesigen Park gleicht. Schmuckstück ist die rekonstruierte Haupttribüne aus dem Gründungsjahr. Und wer im Wettbüro wieder einmal auf das falsche Pferd gesetzt hat, kann seinen Kummer im rustikalen Rennbahnrestaurant mit einem zünftigen regionalen Bier hinunterspülen.

● Rennbahn Dresden, Oskar-Röder-Straße 1, 01237 Dresden
drv1890.de
● ÖPNV: Bahnhof Dresden-Reick

E P

Ausschank mit Fahne

5

Im Pillnitzer Weinberg

Wein gedeiht in diesem Teil des Elbtals schon seit 600 Jahren. Die klimatisch günstige Lage zwischen dem Fluss und dem sonnenbeschienenen, nach Süden blickenden Nordhang wusste auch der sächsische Hof zu schätzen. Vor 300 Jahren ließ er in Pillnitz einen großen Weinberg anlegen, der heute von 70 Freizeitwinzern der Weinbaugemeinschaft Pillnitz e. V. bewirtschaftet wird. Sie machten den verwilderten Hang in den 1980er-Jahren urbar und setzten damit die jahrhundertealte Weinbautradition fort.

Zu den Winzern zählen auch Sigrid und Walter Rogge. Seit dem Jahr 1983 gehört ihnen die 700 Quadratmeter große Parzelle. Ihr kleiner Weinausschank ist ein echter Insidertipp. Wer die alte Holzpforte in der Steinmauer entlang des Weinbergs erreicht hat, ist zwar mächtig außer Atem gekommen, wird dafür aber, wenn er die Pforte passiert, umso reicher belohnt: Zum einen mit einem grandiosen Fernblick bis zum beginnenden Erzgebirge und der Sächsischen Schweiz. Zum anderen mit köstlichem Wein aus den Trauben des Weinbergs. Und natürlich mit dem freundlichen Winzerehepaar, das jeden Gast wie einen guten Freund begrüßt.

Bei einem Glas Weißen lässt es sich hier oben gut plaudern. Schnell kommt man mit anderen Gästen ins Gespräch oder lauscht den Rogges, denen man nicht ansieht, dass sie die 70 nicht erst gestern überschritten haben. Was sie jung hält? Die Arbeit, die frische Luft, die Freude an der Natur und der Kontakt zu den Menschen.

Zum Wein wird Winzerbrot vom Bäcker Wippler am Körnerplatz gereicht. Wer möchte, kann gern seine eigenen Brote mitbringen. Wo gibt es das noch, außer in Bayern?

Nur mit den Öffnungszeiten ist es so eine Sache. Da sich Tische, Stühle und die rustikale Holzbank unter einer Pergola befinden, hängt der Wein- und Fernsichtgenuss von der Gnade des Wettergottes ab. Doch auch dafür haben die Rogges eine Lösung gefunden: Weithin sichtbar wird die eigene Fahne aufgezogen. Dann gilt: Weht die Fahne, gibt's Wein. Weht die Fahne nicht, gibt's kein'.

- Königlicher Pillnitzer Weinberg, Parzelle Rogge, Wünschendorfer Straße 6, 01326 Dresden, pillnitzer-weinberg.de
- ÖPNV: Haltestelle Bodemerweg oder Rathaus Pillnitz

Bitte zu Fisch!

6 Am Alberthafen

Eine Stadt am Fluss hat auch einen Hafen. Dresden besitzt gleich drei Häfen. Den Pieschener, jenen unter der Marienbrücke und den Alberthafen. Während die ersten beiden ihre Bedeutung verloren haben, ist der Alberthafen heute ein leistungsfähiger Industriehafen. Das Hafenbecken bietet Platz für 20 Schiffe. In den Jahren 1891 bis 1895 in der Friedrichstadt gebaut, gilt der Alberthafen als Dresdens Wassertor zur Welt. Schön und gut, aber ist er auch ein Glücksort?
Unbedingt! Und das aus mindestens zwei Gründen.
Der erste Grund: Seit 2011 lädt der 1884 gebaute Personendampfer „Diesbar" mehrmals in der Saison zu einer Binnenhafen-Sonderfahrt ein. Hier wird Industriegeschichte erlebbar, denn man fährt auf dem einzigen Raddampfer der hiesigen Flotte, der noch mit Kohle befeuert wird. Die Dampfmaschine, die aus dem Jahr 1841 stammt, gilt heute als die älteste und noch im Einsatz befindliche Dampfmaschine der Welt. Die Termine der Sonderfahrt sind dem jeweils aktuellen Fahrplan der Sächsischen Dampfschifffahrt zu entnehmen.
Der zweite Grund ist das Restaurant Alberthafen. Mit vorgelagerter Sommerterrasse und Blick zum Hafenbecken. Auf drei Etagen verteilt wird jeder Raum zu einem maritimen Erlebnis. Eben das schafft die Atmosphäre, die dieses Fischrestaurant in Dresden einmalig macht. Und während man sich Hering, Zander oder Heilbutt frisch zubereitet schmecken lässt, ziehen in einem großen, raumteilenden Aquarium exotische Fische ihre Bahnen. Mittwochs gibt's Fisch satt. Und wem der kulinarische Genuss allein nicht genügt, dem sei die Piraten-Dinner-Show empfohlen. Eine von mehreren Veranstaltungen, die rund ums Jahr angeboten werden. Ein Prospekt verrät: „Mit schaurig schönen Balladen und mitreißenden Shantys erzählen zwei gefürchtete Piraten aus ihrem Freibeuterleben. Halten Sie ihr Geld und ihre Frauen fest, denn die beiden führen nichts Gutes im Schilde!"

● Alberthafen, Magdeburger Straße 58, 01067 Dresden
alberthafen.com
● ÖPNV: Haltestelle Alberthafen

Biergarten

Erholung pur

7 Der Große Garten

Zugegeben, trotz des anspruchsvollen Namens ist er mit seinen 2 Quadratkilometern Fläche kein Garten im herkömmlichen Sinn, sondern eine Parkanlage mit prächtigem Baumbestand und ausgedehnten Wiesen. Rund ums Jahr begeistert er seine Besucher mit botanischen, kulturellen und gastronomischen Attraktionen. Beliebt sind unter anderem die Frühschoppen in der Wachstube und der Torwirtschaft am Beginn der Hauptallee.

Doch wie entstand dieser größte Park der Stadt, der zu höfischen Zeiten keinesfalls öffentlich zugänglich war?

Der Vater Augusts des Starken ließ ihn Ende des 17. Jahrhunderts als prunkvolle Fest- und Feierstätte des sächsischen Hofes anlegen. Im Zentrum steht das Palais. Es wird als „Auftakt" zum Dresdner Barock bezeichnet. Im Krieg ausgebrannt, befindet sich der Großteil der Innenräume noch immer im Rohzustand. Trotzdem oder gerade deswegen erfreuen sich die hier gezeigten Ausstellungen und die Konzerte wachsender Beliebtheit.

Wer den Großen Garten besucht, stellt sich zwangsläufig die Frage: „Wohin zuerst?" Am besten beginnt man an der Hauptallee. Das Fußballstadion und das Hygiene-Museum im Rücken führt sie geradewegs zum Parkpalais und den dahinterliegenden Teich mit Fontäne. Jetzt heißt es sich entscheiden. Der linke Parkbereich besticht im Sommer mit seinen Dahlienbeeten, dem Botanischen Garten und einem großen Spielplatz. Der rechte Parkbereich beherbergt den Mosaikbrunnen, das kleine Parktheater, den Zoo, den Carolasee mit Gondelstation und die beliebte Gastwirtschaft Carolaschlösschen. Die Freilichtbühne Junge Garde am Ende der Allee wird auch für Rock- und Popkonzerte genutzt. Jedes Jahr im Mai findet hier die Open-Air-Gala des Internationalen Dixieland Festivals statt.

Und wer sich zunächst einen Überblick verschaffen möchte über das, was der Große Garten zu bieten hat, dem sei eine Fahrt mit der Parkeisenbahn empfohlen. Natürlich die große Runde!

- Großer Garten, Hauptallee 10, 01219 Dresden
- ÖPNV: Haltestelle Lennéplatz (Zugang Lennéstraße)

Historische Glücklichmacher

8 Im Schokoladenhaus

Schokolade macht glücklich, egal, ob als Tafel, Praline, Trüffel, Getränk oder Eis genossen. Das jedenfalls wird behauptet, und mal ehrlich, wir möchten nicht wirklich daran zweifeln.

Doch wer kam auf die wunderbare Idee, Kakao und Milch zu dieser Gaumenfreude zu vereinen? Im Jahr 1839 bewarb die Dresdner Schokoladenfabrik Jordan & Timaeus eine Schokolade aus Eselsmilch. Der wissenschaftliche Nachweis dafür ist inzwischen erbracht. Jordan und Timaeus schafften es seinerzeit bis zum Hoflieferanten und unterhielten Niederlassungen in Prag, Wien und Budapest.

Seitdem lässt die Schokolade Dresden nicht mehr los. Wer einmal ganz und gar der himmlischen Köstlichkeit erliegen möchte, begebe sich in das Schokoladenhaus auf der Schlossstraße, eine gelungene Mischung aus Café, Laden und Museum. Während die Augen nach freien Plätzen suchen, nimmt die Nase jenen unvergleichlichen Duft wahr. Er verspricht Schokolade vom Feinsten. Schokolade und Kakaogetränke in jeder nur denkbaren Variation. Heiße weiße oder dunkle braune. Die Qual der Wahl bleibt hier niemandem erspart.

Absoluter Renner ist das hausgemachte Schokoladeneis. Das bekommt man auch im Verkauf über die Straße. Einmal die Glocke geläutet, und der Genuss beginnt: Schokoladeneis am Stiel. Quadratisch, daumendick, handtellergroß und ringsherum bestäubt mit einem Hauch Kakao.

Das kleine Museum gegenüber dem Schloss vermittelt Interessantes über das Was, Wo und Wie rund um die Schokolade. Liebevoll zusammengetragene Exponate zeugen von Dresdens glanzvoller Geschichte als deutsche Schokoladenhauptstadt gegen Ende des 19. Jahrhunderts. Wer weiß schon, was tatsächlich in einer Tafel Schokolade steckt, und wer hätte gedacht, dass der erste mit Schokoladenfiguren gefüllte Adventskalender aus Dresden stammt.

Auch Verkostungen sind möglich. Einzeln oder in der Gruppe. Wer das einmal erlebt hat, ist auf dem besten Weg, ein Schokoladen-Gourmet zu werden.

● CAMONDAS Schokoladen-Kontor & Schokoladenmuseum, Schloßstraße 22, 01067 Dresden, camondas.de
● ÖPNV: Haltestelle Altmarkt

Trüffel
Kakaos &
Trinkschokoladen
für zu Hause
und zum Verschenken
im Regal
um die Ecke

Vom Odolkönig geerbt

9 Das Lingnerschloss

Wer auf der Terrasse des Lingnerschlosses steht, hält für einen Moment den Atem an. Der Blick von hier oben gleicht einem Gemälde. Am Fuß des Weinbergs fließt in großem Bogen die Elbe der Stadt entgegen. Parallel dazu der Elberadweg. Rechter Hand die Türme der Altstadt, linker Hand das Blaue Wunder. Und geradeaus, über den Waldpark hinweg, Wohn- und Villenviertel, so weit das Auge reicht.

Mit etwas Glück bekommt man auch an Schönwettertagen einen Platz auf der Terrasse des Schlosses, genießt den Blick bei Kaffee und Kuchen oder ganz volkstümlich bei Bratwurst und Bier. Die Beibehaltung der Bürgerfreundlichkeit verfügte Karl August Lingner, der einstige Besitzer der schlossartigen Villa. Lingner brachte es zu unermesslichem Reichtum, nachdem er ein von dem Chemiker Dr. Richard Seifert hergestelltes Antiseptikum zum Mundwasser weiterentwickeln ließ und es später, als es Nachahmer gab, mit dem genialen Slogan weltweit vermarktete: „Odol – vielleicht das beste Mundwasser der Welt?“

Der aus Magdeburg stammende Kaufmannssohn war cleverer Geschäftsmann, Mäzen, Volksfürsorger, Visionär, Lebemann. Eine Vielzahl segensreicher Erfindungen bzw. Gründungen geht auf ihn zurück. Unter anderem die erste Säuglingsklinik und das Deutsche Hygiene-Museum Dresden. Einen Großteil seines Vermögens setzte der „Odolkönig“ für die Volksgesundheit ein. Zeitlebens hielten sich Neider und Bewunderer Lingners die Waage. Aufsehen erregte er auch mit seiner exzentrischen Lebensweise. So soll er des Öfteren – ungeachtet der mitternächtlichen Stunde – enthusiastisch auf seiner Orgel gespielt haben. Bei offenen Fenstern!

Im Juni 1916 starb Lingner. Das Anwesen vererbte er der Stadt Dresden mit der Auflage, das Schloss den Bürgern zu öffnen. Es sollte kein Etablissement für reiche Leute werden. Seit April 2002 liegt die Sanierung und Erhaltung in den Händen des Fördervereins LINGNERSCHLOSS e. V. Heute ist es ein Ort lebendiger Kultur und ein sehr beliebtes Ausflugsziel.

● Lingnerschloss Dresden, Bautzner Straße 132, 01099 Dresden
lingnerschloss.de
● ÖPNV: Haltestelle Elbschlösser

O sole mio!

10 Ein Italiener im alten Fährgut

Jedes Fenster, jede Stufe, jeder Deckenbalken könnte eine Geschichte erzählen. Es ist, als führte das Haus auf sonderbare Weise ein für den Menschen spürbares Eigenleben.
Beim Betreten empfiehlt es sich, den Kopf einzuziehen. Früher waren die Menschen kleiner. So um das Jahr 1556, das Geburtsjahr des Loschwitzer Fährgutes. Damals und noch Generationen später war es mit dem kleinen, der Elbe am nächsten stehenden Fährhaus und einigen Nebengebäuden der wichtigste Ort im Dorf. Die Fähre brauchte jeder, der ans andere Elbufer wollte. Übers Jahr war das ein lukratives Geschäft für den Fährmeister, der Gut und Fährgerechtigkeit – die Lizenz zum Fähren – artig vererbte. Seinen Nachkommen sicherte er damit auch in schlechten Zeiten ein recht ordentliches Leben.
Doch damit nicht genug. Der Fährmeister bot den Loschwitzer Weinbauern seine hauseigene Weinpresse ebenso zur Nutzung an wie Lagerräume in den kühlen Kellern. Im Erdgeschoss seines Hauses lud eine Gaststube zum Verweilen ein. Im 20. Jahrhundert durfte sich Peter August Böckstiegel, ein bekannter Maler des Expressionismus, im Fährgut umziehen, wenn er in der Elbe baden wollte. Zum Dank dafür bemalte er die Holzdecke. Auch Zimmer und Wohnungen wurden vermietet: an Sommergäste, Reisende, Musiker, Dichter, Maler und andere bemerkenswerte Personen.
Was sich bewährt hat, kommt wieder. Trotz Verlassenheit, Flutschäden und schleichendem Verfall schrie das Fährgut regelrecht nach neuem Leben. Und wer hätte ihm das nach dem Verkauf kreativer einhauchen können als ein Italiener?
Seit März 2011 lädt das Ristorante e Pensione La Campagnola seine Gäste in atmosphärisch eingerichteten Räumen zu mediterranen Genüssen ein: Weinkeller, Salumeria, Kaminzimmer, Wintergarten. Letzterer lichtdurchflutet mit Blick in den Garten. Ein sächsisches Fährgut in italienischen Händen. Was kann schöner sein?

- La Campagnola, Friedrich-Wieck-Straße 45, 01326 Dresden
ristorante-campagnola.de
- ÖPNV: Haltestelle Körnerplatz

la Campagn
47
1730

Versteckte Versöhnung

11 An der Rückseite der Semperoper

Heute würde man sagen, die Sache mit Gottfried Semper und dem sächsischen Staat war ein cooler Deal. Wäre er damals nicht zustande gekommen, würde es die zweite und demzufolge auch die dritte Semperoper nicht geben, und Dresden wäre heute um einen bedeutsamen Glücksort ärmer. Denn bei aller Bescheidenheit darf die Sächsische Staatsoper von sich behaupten, dass sie in einem der schönsten Opernhäuser Europas spielt.

Die problematische Angelegenheit begann im September 1869. Ein Brand zerstörte das erste, aus dem Jahr 1841 stammende, von Gottfried Semper gebaute Opernhaus. Beharrlich verlangten die Dresdner Bürger einen gleichwertigen Neubau aus der Hand des Meisters. Doch der war zu jener Zeit unabkömmlich. Einerseits, weil ihn Bauaufträge in Wien in Anspruch nahmen. Andererseits, weil er im Königreich Sachsen noch immer polizeilich gesucht wurde. Hatte er sich doch als Wortführer während der revolutionären Erhebungen im Mai 1849 hervorgetan. Blutig wurden sie niedergeschlagen, und der hochgeschätzte Architekturprofessor musste aus Dresden fliehen. Kaum zu glauben, doch nach 20 Jahren war offiziell noch immer kein Gras über die Sache gewachsen. Gottfried Semper durfte Sachsens Boden nicht betreten. Man fand einen Kompromiss. Der Meister schickte seinen ältesten Sohn Manfred nach Dresden und übertrug ihm die Leitung für den Bau der neuen Oper.

Wer heute – möglichst mit einem Fernglas oder Objektiv ausgestattet – die Rückwand der Oper einmal genau betrachtet, dem fällt Folgendes auf: Am Dach der Hinterbühne, eingerahmt von den Figuren „Frieden" und „Gerechtigkeit", prangt das sächsische Staatswappen. Und darunter befindet sich in einem Girlanden-Fries der Porträtkopf Gottfried Sempers. Was uns sagen soll: Der sächsische Staat hat dem Baumeister verziehen. Eine diplomatische Meisterleistung. Eine stillschweigende Begnadigung in Stein.

● Semperoper Dresden, Theaterplatz 2, 01067 Dresden
semperoper.de
● ÖPNV: Haltestelle Theaterplatz

Alles nur geklaut

12 Die Tabakmoschee Yenidze

Touristen, die in den umliegenden Hotels nächtigen, bekommen beim Anblick des orientalischen Gebäudes nicht selten einen Schreck, weil sie befürchten, der Gebetsruf des Muezzins reiße sie morgens um 5 Uhr aus dem Schlaf. Der Irrtum klärt sich rasch auf.

Die vermeintliche Moschee war nie ein muslimisches Gotteshaus. Der Inhaber des Tabak- und Cigarettenunternehmens Yenidze ließ die Fabrik in den Jahren 1907 bis 1909 errichten. Der Name Yenidze bezeichnet das Anbaugebiet, aus dem er den Tabak bezog. Heute in Nordgriechenland gelegen, gehörte es damals zum Osmanischen Reich. Seitens der Stadt bestand jedoch die Vorschrift, dass sich jedes Fabrikgebäude harmonisch in das Stadtbild einzufügen habe. Deshalb meinte der Unternehmer, es sei eine gute und zudem werbewirksame Idee, seiner Zigarettenfabrik die äußere Form einer Moschee zu geben. In der Kuppel aus farbigem Glas richtete er einen Frauenruheraum ein. Das Minarett verbarg den Fabrikschornstein. Es dauerte, bis sich die allgemeine Empörung über die riesige Tabakmoschee gelegt hatte und die Yenidze schließlich aus dem Stadtbild Dresdens nicht mehr wegzudenken war. Im Jahr 1996 grundlegend saniert, zogen Büros in das Gebäude ein. Allerdings nicht nur. Im Vorderteil der Kuppel gibt es über zwei Etagen ein Restaurant mit dem am höchsten gelegenen Biergarten Dresdens. Ein Traum! Am Tag reicht der Blick von dort über die Stadt hinweg bis zum Elbsandsteingebirge. An Sommerabenden präsentiert sich dem Besucher die historische Altstadt in einem zauberhaften Licht.

Auch die Speisekarte weiß, wo sie sich befindet. Zum Beispiel mit dem orientalisch gewürzten Lammbraten an gedünsteten Aprikosen, Butterbohnen und Korianderreis.

Unter der imposanten Kuppel werden jetzt Märchen vorgetragen. Am Wochenende für Kinder. Wochentags für Erwachsene. Dann mit erotischen Geschichten, mit Bauchtanz und orientalischen Musikeinlagen. Es heißt, diese Märchenabende seien besonders gut besucht.

● Kuppelrestaurant in der Yenidze, Weißeritzstraße 3, 01067 Dresden
kuppelrestaurant.de
● ÖPNV: Haltestelle Kongresszentrum

IDZE • YENIDZE

Mit Hut und Wanderstock

13

Die Dresdner Heide

Einheimische lieben sie. Touristen wollen sie erkunden, vorausgesetzt, sie wandern oder radeln gern und bleiben länger in Dresden als die üblichen 2 bis 3 Tage. Auf jeden Fall finden sie hier saubere Luft, viel Wald und hier und da auch violett leuchtendes Heidekraut.
Das im Nordosten Dresdens gelegene Waldgebiet „Heide" ist mit fast 50 Quadratkilometern das größte städtische Naherholungsgebiet. Es nimmt 21 Prozent des Stadtgebietes ein, zählt zu den größten Stadtwäldern Deutschlands und wird von zahlreichen Tälern, Schluchten, Niederungen und Lichtungen durchzogen. Flüsse, Bäche, Seen und Forellenteiche bereichern das weitläufige Landschaftsschutzgebiet.
Bei Wanderungen trifft man auf seltene Naturdenkmale wie die 700-jährige Eiche im Sauerbusch. Gern gewählte Wanderziele sind der Wasserfall am Priesnitzgrund, das sagenumwobene Schwarze Kreuz am Diebsweg, das Alte Loch, eine grubenähnliche Vertiefung – dort hätten früher Braunbären Unterschlupf gesucht –, und der Olterteich in der Jungen Heide mit seltenen Tier- und Pflanzenarten.
Für Rotwild ist die Dresdner Heide ein idealer Lebensraum. Aber auch Schwarzkittel fühlen sich hier sauwohl. Deshalb wird traditionell Wildhege betrieben. Bereits im Jahr 1543 regelte eine herzogliche Forstordnung den Tierbestand. Urvater August ließ ab dem Jahr 1660 ein Wegesystem in Form eines Spinnennetzes anlegen, mit acht strahlenförmigen Wegen und mehreren Rundwegen. In der Mitte des Waldgebietes lag, und liegt noch immer, der Saugarten, ein von Sandsteinmauern eingefasstes Gehege. Hier hielt man Wildschweine, um sie zu höfischen Jagden freizulassen. Schließlich musste der erlauchten Gesellschaft das Jagdglück lachen.
In einschlägigen Wanderkarten werden 25 besonders lohnenswerte Wanderziele beschrieben. Und wer davon nicht viel hält, der wandere oder radle einfach drauflos.

TIPP

Am Rande der Heide ist gut einkehren im Historischen Fischhaus auf der Fischhausstraße 14. Ein rustikales Gasthaus aus dem 16. Jahrhundert im Jagdhausstil.

- Dresdner Heide, Zugang u. a. an der Mordgrundbrücke, 01099 Dresden
- ÖPNV: Haltestelle Mordgrundbrücke

Wer suchet, der findet

14 Der Elbeflohmarkt

Einheimische kennen ihn. Viele Gäste, die nach Dresden kommen, haben von ihm gehört. Gefühlte 100 Jahre – oder doch erst seit der Wende? – stehen die Händler-Tische des Elbeflohmarkt am Elbufer, nahe der Albertbrücke. Jeden Samstag. Ungebrochen. Bei Wind und Wetter. Bei Schnee und Eis. Nur nicht bei Hochwasser. Logischerweise.

In den 90ern war er ein ganz normaler Trödelmarkt, den die Stadt gar nicht gern sah und ihm deshalb sein baldiges Ende prophezeite. Doch Totgesagte leben bekanntlich länger. Länger ist von Jahr zu Jahr auch die Uferfläche geworden, die der Markt für seine nahezu 600 Händler in Anspruch nimmt. Inzwischen hat er sich zu einer aus dem Stadtleben nicht mehr wegzudenkenden Institution gemausert. Zu sagen, der Dresdner Elbeflohmarkt sei mittlerweile über die Stadt hinaus bekannt, wäre weit untertrieben. Er besitzt eine nahezu magische Anziehungskraft. Händler wie Kaufwillige kommen aus ganz Sachsen, ja sogar aus den alten Bundesländern bis hinauf zur Küste. Auch unseren tschechischen Nachbarn ist der samstägliche Weg nicht zu weit.

Doch nicht alle Marktbesucher treibt der blanke Kommerz hierher. Für manch älteren wird der Bummel zu einer beschaulichen Reise in die eigene Vergangenheit. Ich traf eine Frau, die einen ganz bestimmten Teller suchte. Sie sagte mir: „Ich war als Kind sehr krank. Von den Medikamenten war mir speiübel, ich konnte nichts essen. Meine verzweifelte Mutter wusste keinen Rat. Da schenkte mir meine Oma einen Teller und sagte, wenn du dein Essen aufisst, dann lacht dich auf dem Boden des Tellers eine Sonnenblume an. Isst du nicht auf, kann sie nicht lachen und ist traurig. Natürlich wollte ich die Blume lachen sehen und habe von da an meinen Teller leer gegessen."

Niemand kann sagen, was das Geheimnis des Marktes ist. Das muss jeder selbst ergründen, wenn er sich von den begeisterten Flohmarktbesuchern anstecken lässt zu einer Schatzsuche der besonderen Art.

TIPP

In unmittelbarer Nähe des Marktes befindet sich am Käthe-Kollwitz-Ufer der große Parkplatz für Wohnmobile.

● Elbeflohmarkt Dresden, Albertbrücke, 01307 Dresden
flohmarkt-sachsen.de/elbeflohmarkt
● ÖPNV: Haltestelle Sachsenallee

Softeis

Künstlerhaus mit roter Amsel

15 Das Leonhardi-Museum

Fährt man die Grundstraße hinauf oder hinunter, huscht es an einem vorbei, doch man übersieht es nicht. Mit seiner ungewöhnlichen, mit zahlreichen Sprüchen und Gedichten gestalteten Fassade fällt es einem ins Auge. Lesen kann man die Sprüche im Vorbeifahren natürlich nicht. Grund genug, sich die Zeit für einen Spaziergang vom Körnerplatz hierher zu nehmen; eine Wegstrecke von etwa 2 Minuten.

Das nicht alltägliche Fachwerkhaus beherbergt das Leonhardi-Museum, das zu den Museen der Landeshauptstadt Dresden gehört. Die Einheimischen nennen es immer noch die „Rote Amsel". Tatsächlich sitzt auf der Laterne an der vorderen Hausecke eine kleine rote Amsel. Und weshalb ist sie rot? Lange Geschichte! Hat jedenfalls nichts mit Politik zu tun, sondern mit Kunst.

Das gesamte Anwesen hat etwas mit Kunst zu tun. In wechselnden Ausstellungen können junge oder noch wenig bekannte Künstler ihre Werke der Öffentlichkeit vorstellen. Hier dreht sich alles um zeitgenössische Kunst. Mit einer Ausnahme, dem museal gestalteten Atelier des früheren Besitzers und Kunstmäzen Eduard Leonhardi in der oberen Etage. Mehrere Gemälde des hervorragenden Landschaftsmalers sind hier im Original zu sehen. Der aus Freiberg stammende, wohlhabende Tintenfabrikant und Schüler Ludwig Richters hatte sich zum Ende des 19. Jahrhunderts als „Maler des deutschen Waldes" einen Namen gemacht. Leonhardi hatte im Jahr 1879 die stillgelegte Wassermühle gekauft und sie zu einem Atelierhaus umbauen lassen. Hier fanden mittellose Künstler Unterkunft und Arbeitsräume.

Auf dem Hof bemerkt der Besucher einen Gedenkstein für Ludwig Richter. Auch wird ihm der Bergknappe aus Sandstein auffallen, der auf seinen Schultern einen Erker trägt. Die Sprüche an der Hausfassade brachte der Maler Charles Palmié an. Er hatte längere Zeit kostenfrei in dem Fachwerkhaus gewohnt und sich auf künstlerische Weise dafür bedankt.

- Leonhardi-Museum, Grundstraße 26, 01326 Dresden
  leonhardi-museum.de
- ÖPNV: Haltestelle Körnerplatz

Ziert Klugheit dein Geist, Nicht bilde dir nichts ein, Dieweil wir doch vor Gott Nur arme Stümpler sein!
Scharfe Schwerter schneiden sehr, scharfe Zungen noch viel mehr.
Sitzt du gut, so sitze feste Alter Sitz der ist der best
1704 Gott schütze jeden Vor Türken u. Schweden Anno 1704 Waren die Schweden allhier.
26

Eldorado der Gastlichkeit

16 Schlemmen am Gänsediebbrunnen

Das Viertel zwischen Kreuzstraße, Gewandhausstraße und Weiße Gasse hat seinen ganz eigenen Charme. Mit zurzeit 18 Einkehrmöglichkeiten lädt es Touristen und Einheimische gleichermaßen zum Verweilen ein. Aus dem spontanen Zusammenschluss von fünf Gastronomen ist mittlerweile einer der beliebtesten Gastro-Treffs in Dresden geworden. Im Sommer laden vor den Lokalen zahlreiche, teils von Bäumen beschattete Außenplätze zum Einkehren ein. Überall herrscht eine gelöste und dennoch ruhige Atmosphäre, denn das Areal ist ein in den 1960er-Jahren gebautes, noch immer bewohntes Wohnviertel. Das respektieren die Gäste. Wer also eine Partymeile vermutet, liegt falsch.

Doch für welches Café, für welches der einladenden Multikulti-Lokale soll man sich entscheiden? Diese Frage wird dem Appetit verspürenden Gast richtig schwer gemacht. Es gibt italienische, spanische, mexikanische, vietnamesische, irische, karibische und natürlich gutbürgerliche deutsche Küche. Deshalb – erst einmal durch das Viertel schlendern und dann Augen und Nase entscheiden lassen, wonach der Gaumen verlangt.

Zentraler Punkt des Viertels ist die Weiße Gasse. An warmen Abenden bleibt hier kaum ein Platz frei. Wohl auch, weil in der Mitte des hofartigen Areals ein hübscher Figurenbrunnen steht, der Gänsediebbrunnen. Er zeigt einen Jungen, der sichtlich Mühe hat, sein Diebesgut festzuhalten. Schreiend und Flügel schlagend fliehen zu seinen Füßen zwei Gänse, die ihm entwichen sind. Munter sprudelnd spendet der Brunnen den Gästen nicht nur Kühle, er entlockt ihnen auch ein Lächeln. Vor allem, wenn sie von seiner Geschichte gehört haben. Es heißt, vor gut 500 Jahren kam der Schweizer Wanderschüler Thomas Platter nach Dresden und lernte an der Kreuzschule Latein. Damit der mittellose Schüler das Abschiedsmahl bestreiten konnte, stahl er auf einer Wiese zwei Gänse. Platter wurde übrigens später Rektor der Lateinschule in Basel.

Der Brunnen, den Robert Diez im Jahr 1878 schuf, ist einer von über 300 Brunnen und Wasserspeiern in Dresden.

● Gastronomieviertel Weiße Gasse, 01067 Dresden
gastroguide.de
● ÖPNV: Haltestelle Pirnaischer Platz

Bar Restaurant
Gänsedieb An der Kreuzkirche
Gänsedieb
PAULANER
PAULANER
PAULANER
PAULANER

Kunterbunt

17 Dresdner Malkasten in der Neustadt

Die äußere Neustadt ist Dresdens Szene- und Ausgehviertel schlechthin. Auffallend viele junge Leute wohnen hier. Man lebt miteinander. Mehr als in der Altstadt mit ihren touristischen Hochburgen, den Schickimicki-Hotels und noblen Boutiquen. Über 100 Kneipen, Clubs, Künstlerateliers und Kleinkunstbühnen geben dem vom Krieg weitestgehend verschonten Gründerzeitviertel sein ganz eigenes, unverwechselbares Gepräge. Eben echt Neustadt. Bunt, schrill und für viele wohltuend abseits der vermeintlichen Normalität.

Wer hier auf Entdeckertour geht, kommt an zahlreichen kleinen Läden vorbei, die an früher erinnern, als es noch keine Supermärkte und Einkaufstempel gab. An jene ferne Zeit, als man mit dem Ladenbesitzer noch über Gott und die Welt redete und in der Straße jeder jeden kannte. Die Neustadt hat sich diese lockere Art zu leben bewahrt. Mehr noch, sie verteidigt sie gegen alle restriktiven Versuche, daran etwas zu ändern. Jedes Jahr kommen über 100.000 feierfreudige Menschen in die „Bunte Republik Neustadt", das größte Stadtteilfest Ostdeutschlands.

Bunt ist das Stichwort! Einer der kleinen Läden ist der Dresdner Malkasten auf der Louisenstraße. Eine Top-Adresse für Künstler und alle, die gern malen. Auch Neugierige schauen gern mal rein. Einfach so. Weil der Name des Ladens oder die Auslagen im Schaufenster ihr Interesse wecken.

Drinnen fällt als Erstes auf: Es riecht nach Terpentin. Ungewollt assoziiert man das mit Künstleratelier oder Restaurierungswerkstatt. Vor den Wänden und in der Mitte des Raumes stehen verschieden große Regale. Gefüllt mit unzähligen kleinen Farbtöpfen und Farbtuben, mit farbigen Stiften, mit Pinseln, Papieren und diversem Zubehör – kurzum mit allem, was der malende Mensch für sein künstlerisches Schaffen benötigt. Alles ist penibel geordnet und in dieser Ordnung selbst schon wieder ein Kunstwerk. Hobbymaler werden hier süchtig. Und für Kunstmaler, Restauratoren und Modellbauer ist der Malkasten im Herzen der Dresdner Neustadt nicht nur ein Glücksort, er ist das Paradies.

● Dresdner Malkasten, Louisenstraße 12, 01099 Dresden
malkasten-dresden.de
● ÖPNV: Haltestelle Louisenstraße

Schmincke
12,99 €
AKADEMIE® Gouache
4,99 €
AKADEMIE Aquarell
STREET ART
2018

Mit neuer Energie

18 Das Kraftwerk Mitte

Wohin in Dresden, wenn es Abend wird? Seit November 2016 wird die Qual der Wahl in Dresden durch eine weitere Spielstätte positiv erschwert: das Kraftwerk Mitte.

Die Entscheidung des Stadtrates, das im Jahr 1994 stillgelegte, denkmalgeschützte Heizkraftwerk schrittweise für die kulturelle Nutzung auszubauen, war für Dresden ein echter Glücksfall. Bereits im Dezember 2010 öffnete der Club Kraftwerk Mitte, inzwischen der wohl angesagteste Club von Dresden. Ein Ort der Faszination, der anspruchsvollen Event-Kultur und eine Auffrischung des Dresdner Nachtlebens. Seit dem Jahr 2013 ist auf dem 39.000 Quadratmeter umfassenden Gelände Großartiges entstanden. Moderne Bauten ergänzen die historischen Backsteingebäude aus der Gründerzeit.

Dresdner und Besucher der Stadt profitieren gleichermaßen von den neuen Spielstätten. Vor allem Operetten- und Musicalfreunde. Kinder und Jugendliche haben guten Grund, die Ohren zu spitzen. Jahrzehntelang fristeten die Staatsoperette Dresden und das Theater der Jungen Generation ein recht bescheidenes Dasein am Rande der Stadt. Jetzt haben beide im Kraftwerk Mitte – sehr zentral gelegen – ihr neues Zuhause gefunden. Vier unterschiedlich große Bühnen stehen ihnen zur Verfügung. Die moderne technische Ausstattung eröffnet den Ensembles faszinierende Möglichkeiten, ihr Publikum zu begeistern. Ein Hingucker sind im Theater der Jungen Generation bereits die knallbunten Stühle.

Nahezu das gesamte Areal des ehemals Strom und Wärme produzierenden Kraftwerks wird mittlerweile für kulturelle Zwecke genutzt. So befindet sich in der Maschinenhalle das Foyer der beiden Theater, im ehemaligen Kohleschuppen hat sich das Energiemuseum Dresden eingerichtet, im Stromwerk die Großraumdisko und im Pförtnerhaus das Bistro & Café.

Das alte, einst vom Abriss bedrohte Kraftwerk hat nicht nur seine neue Bestimmung gefunden, sondern bereits unzählige Unterhaltung suchende Menschen glücklich gemacht.

- Kraftwerk Mitte Dresden, Wettiner Platz, 01067 Dresden
kraftwerk-mitte-dresden.de
- ÖPNV: Bahnhof Dresden Mitte oder Haltestelle Schweriner Straße

Wohl bekomm's!

19

Das Brauhaus am Waldschlösschen

Hier ist gute Laune garantiert. Das Brauhaus am Waldschlösschen in der Radeberger Vorstadt wartet gleichermaßen mit optischen und kulinarischen Genüssen auf. Von der Terrasse des geschichtsträchtigen Hauses aus gleicht der Blick über das Elbtal einem Gemälde. Einzig der berühmte Dresdner Canaletto-Blick übertrifft ihn noch an Attraktivität. Stromaufwärts schmiegen sich die Villenviertel Weißer Hirsch und Oberloschwitz in den Elbhang hinein. Stromabwärts sind die Türme der Altstadt zu sehen. Über die Elbe hinweg, im Knie des großen Elbbogens, breiten sich weite Flusswiesen aus. Naturbelassen. Unbebaut. Einmalig in Europa.

Den Vorteil des bevorzugten Areals wusste bereits Graf Camillo Marcolini zu schätzen. Der clevere Kammerherr des späteren ersten sächsischen Königs und bald reichste Mann im Land ließ hier im Jahr 1790 für seine Gemahlin ein Jagdhaus bauen, ein entzückendes kleines Schlösschen.

TIPP

Jedes Jahr lädt das Brauhaus zum hauseigenen Oktoberfest ein.

Später zog dort eine Schankwirtschaft ein. Eine Großbrauerei entstand auf dem Grundstück daneben. Zur Eröffnung des Brauhauses am 26. März 1838 sollen an die 6.000 Liter Bier durch die Kehlen der Dresdner geflossen sein, die in Scharen gekommen waren. Das gute Bier machte bald von sich reden. Mitte des 19. Jahrhunderts trank man es sogar in Paris und Brasilien.

Nach zweimaliger Runderneuerung ist das Brauhaus heute wieder ein Ausflugsmagnet. Sogar Führungen werden angeboten. In der Speisekarte steht unter dem sächsischen Staatswappen stolz: „Älteste Aktienbrauerei Deutschlands, die heute noch braut".

Neben deftigem Essen, zünftigem Bier und beeindruckenden Blicken über das Elbtal erfreut das Brauhaus seine Gäste auch mit einem verlockenden Programm. Vom „Maßbiertag" über den „Maibockanstich" bis zur „Rauschenden Silvesternacht im Biergarten". Wer da nicht glücklich wird, ist selber schuld. Na, dann: Wohl bekomm's!

- Brauhaus am Waldschlösschen, Am Brauhaus 8 b, 01099 Dresden
waldschloesschen-brauhaus.de
- ÖPNV: Haltestelle Waldschlösschen

WALDSCHLOSSC
SCHLOSSCHEN

Von geschnitzt bis geklöppelt

20 Im Museum für Sächsische Volkskunst

Nicht nur die Augen der Kinder leuchten, wenn sie durch die Ausstellungsräume des Jägerhofs in der Neustadt gehen. Ein Bummel durch das Museum wird für Groß und Klein gleichermaßen unterhaltsam und aufschlussreich. Beide erfahren, wie im 17. bis 19. Jahrhundert die einfachen Leute in Sachsen lebten. Mehr als 27.000 Objekte zeugen von deren Einfallsreichtum und Kunstverstand. Die Vielfalt reicht von bunt bemalten Bauernschränken und Wäschetruhen über sorbische Trachten, erzgebirgische Schnitzereien und Plauener Spitze bis hin zum Lausitzer Blaudruck und der Damastweberei. Besonders beliebt ist die Spielzeugsammlung.

Jedes Jahr im Dezember verwandelt sich der Jägerhof in ein vorweihnachtliches Paradies. Überall stehen prächtig geschmückte Christbäume, wird gebastelt und gesungen. Volkskünstlern kann man bei der Arbeit zuschauen und miterleben, wie unter ihren Händen gedrechselte Figuren, geschnitzte Tiere und zierliche Klöppeldecken entstehen.

Zu verdanken haben wir die museale Sammlung dem engagierten Volkskundler Professor Oskar Seyffert (1862–1940). Er ging hinaus in die Dörfer und spürte dem Alltagsleben der Menschen nach. Er schrieb einmal: „Das Suchen und Finden macht glücklicher als das Gefundenhaben". Im Jahr 1897 gründete Professor Seyffert den Verein für Sächsische Volkskunde und strebte die Einrichtung eines entsprechenden Museums an. Seit dem Jahr 1913 wird in den Ausstellungen und Magazinen vieles bewahrt, was der industrielle Fortschritt aus dem Leben der Menschen verdrängt oder gar getilgt hat.

Nach der Sanierung des Jägerhofs fand im Obergeschoss die Puppentheatersammlung mit circa 50.000 Einzelstücken ein neues Zuhause. Sie zählt zu den bedeutendsten ihrer Art in der Welt. Der Besuch des Museums lohnt deshalb doppelt. Und wer zur Adventszeit nach Dresden kommt, kann sich auf dem Striezelmarkt mit den „Nachfahren" der Nussknacker, Räuchermänner oder sonstigen weihnachtlichen Figuren eindecken und wird dabei feststellen, manche haben sich kaum verändert.

- Museum für Sächsische Volkskunst, Köpckestraße 1, 01097 Dresden
skd.museum
- ÖPNV: Haltestelle Neustädter Markt oder Carolaplatz

Sport frei!

21 Der Sportpark Ostra

Er ist Dresdens Sport-Olymp. Hier kann man nicht nur seine Abspeckrunden drehen, sondern auch Ball spielen, eislaufen, Leichtathletik betreiben, bei Wettkämpfen mit den Profis mitfiebern oder ihnen beim Training zuschauen. Der weitläufige Sportpark liegt im Ostragehege, zwischen Pieschener Allee und Magdeburger Straße. Praktisch für Radler: Der Elberadweg führt genau mittendurch.

Die Sporttradition begann bereits im Jahr 1919 mit der Eröffnung des ersten Stadions, später in Heinz-Steyer-Stadion umbenannt. Hier flammte im Dezember 1949 die erste deutsche Stadion-Flutlichtanlage auf. Die Umgebung des Stadions gewann nach 1990 immer mehr an sportlicher Attraktivität. Gleich drei große Sportzentren sind mittlerweile entstanden.

Die EnergieVerbund Arena ist eine der größten Sportstätten Sachsens. In der Eislaufsaison tummeln sich in der Halle jedes Jahr etwa eine halbe Million Eissportbegeisterte auf der größten Eislauffläche Dresdens. Die 333 Meter lange Eisschnelllaufbahn im Außenbereich ist nicht weniger begehrt. Beste Sportbedingungen bietet auch die DSC-Trainingshalle mit Weitsprunganlage, 200-Meter-Bahn und Beach-Volleyballfeld. Jüngstes „Kind" ist die neue BallsportARENA mit über 3000 Plätzen und zwei Spielfeldern für Handball und Basketball. Zudem gibt es moderne Anlagen für Squash, Kegeln und Federball.

Doch wie steht es hier mit dem Freizeit- und Familiensport? Der kommt nicht zu kurz. Auf großzügig angelegten Freiflächen gibt es neben zwei tollen Spielplätzen auch einen Trimm-dich-Parcours, Kletterfelsen und Plätze für verschiedene Ballsportarten. Von Juni bis August zieht der große Sommer-Spielplatz unzählige Kinder in seinen Bann. Mit Hüpfburgen, Badespaß und vielen lustigen Spielmodulen.

Zufälligerweise schließt das Ostragehege an das Areal des früheren Schlachthofs an. Dazwischen gibt es noch weite brachliegende Flächen. Wo sich damals die Fettschmelze des Schlachthofes befand, entsteht jetzt das neue Dynamo-Trainings-Zentrum. Genau der richtige Ort.

- Sportpark Ostra, Magdeburger Straße 10, 01067 Dresden
dresden.de
- ÖPNV: Haltestelle Kongresszentrum

Schiff ahoi!

22 Die Sächsische Dampfschifffahrt

Mit dem Dampfschiff auf der Elbe. Kaum ein Tourist mit etwas Zeit im Gepäck lässt sich das Vergnügen entgehen. Manch einer steht auf der Brühlschen Terrasse, sieht, wie die schmucken Dampfer unten anlegen, und sagt sich: „Das ist Schifffahrtsromantik pur."

Recht hat er! Die Weiße Flotte ist die älteste und größte betriebsbereite Schaufelraddampferflotte der Welt. Jeder der neun Dampfer, die nach aufwendiger Sanierung heute im Einsatz sind, hat diese zwei knallroten, tief ins Wasser greifenden Schaufelräder. Kinder drücken sich an der Glasscheibe davor die Nase platt. Technikfreunde lehnen im Mittelschiff am Geländer über dem offenen Maschinenraum. In stiller Begeisterung schauen sie den blitzblank geputzten Pleuelstangen beim Rotieren zu, lauschen ihrem Wuchten und Schnaufen, riechen die aufsteigende warme, von Maschinenöl durchtränkte Luft. Der älteste Dampfer, die „Stadt Wehlen", stammt aus dem Jahr 1879. Bei der Generalüberholung im Jahr 1993 hat man den „alten Damen" nur zwei Veränderungen verpasst: eine moderne Computersteuerung und den Umstieg von Kohle auf Öl. Ausgenommen die „Diesbar", die noch immer mit Kohle fährt.

Los geht's am Terrassenufer, sofern die Wassertiefe stimmt. Trotz dreier verheerender Hochwasser seit dem Jahr 2002 leidet die Sächsische Dampfschifffahrt weit mehr unter Niedrigwasser. An manchen Sommertagen fragt man sich, wie die Schiffe in dem Rinnsal von Elbe überhaupt noch fahren können.

Das Fahrtenangebot ist jedes Jahr groß. Es reicht von der Stadtfahrt zu Wasser über die Schlösserfahrt nach Pillnitz bis zur großen Nationalparklinie, der Schrammsteinfahrt und der Fahrt ins benachbarte Děčín. Wechselnde Landschaften im Wechsel der Jahreszeiten. Flussaufwärts fahren die Dampfer in die Sächsische und die Böhmische Schweiz. Flussabwärts sind die Weinberge von Meißen zum Greifen nah. Großer Beliebtheit erfreuen sich auch die zahlreichen Veranstaltungsfahrten, die über das gesamte Jahr hindurch angeboten werden.

- Weiße Flotte Sachsen GmbH, Schiffsanleger am Terrassenufer, 01067 Dresden saechsische-Dampfschiffahrt.de
- ÖPNV: Haltestelle Theaterplatz

Megabaum in Rot

23 Die Pillnitzer Kamelie

Wenn die Schneeglöckchen verwelken und die ersten Krokusse ihre farbenfrohen Spitzen emporrecken, steht die Pillnitzer Kamelie in voller Blüte. Das prachtvolle Gewächs mit dem wohlklingenden Namen Camellia japonica ist der berühmteste botanische Bewohner des Schlossparks Pillnitz. Von März bis April erfreut der inzwischen fast 9 Meter hohe Exot die Parkbesucher mit etwa 35.000 karminroten Blüten.

Allerdings ist es der Kamelie zu dieser Zeit im Freien noch zu kalt. Deshalb darf sie ihr Schutzhaus, in dem sie überwintert, erst Mitte Mai verlassen. Und das zur Freude vieler Besucher des Schlossparks. Denn das Schutzhaus, ein zylinderförmiger gläserner Bau, darf samt Kamelie während der Blütezeit besichtigt werden. Auf Metalltreppen geht man hinauf bis zur Krone und spaziert einmal um diese herum. Was für eine Pracht! Jetzt hat man die Blüten nahe vor Augen, kann sie fotografieren oder einfach nur bewundern. Und wer sich in die strahlend roten Blüten verliebt hat, kann sich anschließend einen eingetopften Ableger der Mutterpflanze kaufen.

Doch wie kam diese japanische Kamelie eigentlich nach Pillnitz? Wie konnte sie hier an die 240 Jahre überleben?

Folgendes wird berichtet: Ende des 18. Jahrhunderts brachte der schwedische Botaniker Thunberg von einer Japanreise vier Kamelien mit nach Europa. Eine schenkte er dem Pillnitzer Schlosspark. Zunächst im Kübel gehalten, pflanzte sie der Hofgärtner im Jahr 1801 eigenmächtig an die heutige Stelle. In der kalten Jahreszeit bekam sie ein hölzernes Schutzhaus. Das jedoch stand im Winter 1905 eines Nachts in Flammen. Man rief die Feuerwehr. Die löschte den Brand. Bei minus 20 Grad. O weh, das ist ihr Ende, klagte der Schlossgärtner beim Anblick der vereisten Schönheit. Doch man soll die Natur bekanntlich nicht unterschätzen. Schon im nächsten Frühjahr trieb die Kamelie wieder Blätter aus, und die Jahre darauf blühte sie auch wieder, als sei nichts geschehen. Wahrscheinlich hatte die eisige Brause sie vor dem Erfrierungstod gerettet.

- Pillnitzer Kamelie, Schloss & Park Pillnitz, Orangeriestraße 15, 01326 Dresden
schlosspillnitz.de
- ÖPNV: Haltestelle Pillnitzer Platz oder Kleinzschachwitz Freystraße, dann mit der Fähre übersetzen

Tausendundein Glitzerstein

24 Der Mosaikbrunnen

Er will gefunden werden. Wer ihn sehen möchte, sollte den Standort des Brunnens erkunden, bevor er seinen Spaziergang durch den Großen Garten beginnt.

An einer Kreuzung nahe der Hauptallee, Schatten spendend umringt von hohen Bäumen, scheint er aus seinem runden Becken emporzuwachsen wie ein sich öffnender Blütenkelch. Fallen Sonnenstrahlen durchs Geäst auf die unzähligen bunten, vom Wasser benetzten Steinchen, beginnt ein zauberhaftes Glitzern, dem sich wohl kaum ein Gartenbesucher entziehen kann. Manch einer kommt regelmäßig hierher. Lässt sich auf einer der Bänke nieder, den Blick zum Brunnen gewandt, lauscht dem leisen Geplätscher, spürt, wie die Last des Alltags allmählich schwindet.

Kaum zu glauben, dass dieser aus einer halben Million Mosaiksteinen bestehende Exot eigentlich abgerissen werden sollte und nur deshalb noch steht, weil das Vorhaben seinerzeit bei den Zuständigen in Vergessenheit geraten war. Der von dem Berliner Architekten Hans Poelzig im Stil des Art déco entworfene Mosaikbrunnen zählte zu den künstlerischen Glanzstücken der Internationalen Gartenbauausstellung im Jahr 1926 in Dresden. Poelzig war ein Anhänger der expressionistischen Architektur und der Neuen Sachlichkeit. Er setzte sich vehement für den Erhalt des von ihm finanzierten Brunnens ein, als bekannt wurde, dass er abgetragen und irgendwo außerhalb der Stadt errichtet werden sollte. Zum Glück fehlte dafür letzten Endes das Geld, und bald dachte niemand mehr an ihn. So blieb der Mosaikbrunnen, wo er war, überstand die Dresdner Bombennacht und die DDR-Zeit.

Seit dem Jahr 1994 erfolgten zwei kostenintensive Grundsanierungen, die der Freistaat Sachsen finanzierte. Im August 2016 konnte der Mosaikbrunnen voll funktionsfähig in Betrieb genommen werden. Seitdem erfreut er die Besucher des Großen Gartens wieder, egal, ob sie zielgerichtet oder zufällig zu ihm finden. Was sich auch bei Dunkelheit lohnt. Dann wird der Brunnen durchs Wasser hindurch angestrahlt. Romantik pur. Zum Verlieben schön.

- Mosaikbrunnen im Großen Garten, Hauptallee 10, 01219 Dresden
- ÖPNV: Haltestelle Straßburger Platz, Comeniusplatz, Georg-Arnhold-Bad, Lennéplatz oder Querallee

Zum Lachen in den Keller

25 Der Comedy & Theater Club im Barockviertel

Die sechs Kunsthandwerkerpassagen im Barockviertel sind zu jeder Jahreszeit einen Bummel wert. Zwischen Hauptstraße und Königsstraße bekommt man einen Eindruck von der Vielfalt sächsischen Kunsthandwerks. Zu zahlreichen Geschäften gehören Schauwerkstätten, in denen der Kunde das jeweilige Handwerk von der Entstehung bis zum Verkauf verfolgen kann. Auch Gastronomie, Hotellerie und Unterhaltung erlebt der Besucher der Passagen überraschend individuell. Zum Beispiel das Kabarett im Keller des Kügelgenhauses. Wo in barocken Zeiten weingefüllte Fässer lagerten, wird jetzt schallend gelacht. So viel Heiterkeit hat der Gewölbekeller des historischen Bürgerhauses nie erlebt. Seit dem Jahr 2013 spielt in seinen sandsteinernen Mauern der Dresdner Comedy & Theater Club zur Freude des unterhaltungswilligen Publikums.

Der Raum hat nur 99 Plätze. Man fühlt sich unter sich. Vielleicht ist diese familiäre Atmosphäre einer der Gründe für den wachsenden Erfolg des Clubs. Es hat sich herumgesprochen, dass man hier vom Alltag abschalten und nach Herzenslust lachen kann.

Scharfzüngig strapazieren die Akteure die Lachmuskeln der Zuschauer unter der Devise: „Mit Volldampf zum Lachkrampf!“ Rund ums Jahr beherrschen Wortwitz und treffsichere Pointen von lustig bis abgründig die Bühne. Das allseits beliebte Thema Nr. 1 – Männer & Frauen – wird von den Künstlern in allen Facetten beleuchtet. Programme wie „Doktor Zwerchfells Liebesperlen“ und „Frauen sind schärfer, als Mann glaubt“ sind echte Publikumsmagneten. Auch das Komiker-Duo Rolf Herricht und Hans-Joachim Preil erwacht regelmäßig zu neuem Bühnenleben. Die „Enkel der Legenden des gepflegten Schwachsinns“ spielen die besten Sketche und bekommen auch komödiantische Verstärkung aus „Ein Kessel Buntes“ und „Der Wunschbriefkasten“.

Das Ensemble hat sich ein begeistertes Stammpublikum erspielt, das jeder Premiere mit Spannung entgegensieht. Für unternehmungslustige Touristen ist der Club ein echter Insidertipp. Vor allem, wenn sie nach einem Tag in Dresden vor der Frage stehen: Was machen wir heute Abend?

● Dresdner Comedy & Theater Club im Kügelgenhaus, Hauptstraße 13, 01097 Dresden, comedytheaterclub-dresden.de
● ÖPNV: Haltestelle Neustädter Markt

Kleines Dorf mit Herz

26 Im alten Dorfkern von Loschwitz

Wer am Brückenende des Blauen Wunders am Körnerplatz rechts in Richtung Elbe abbiegt, glaubt sich zurückversetzt in die Zeit, als Loschwitz noch ein Winzer- und Fischerdorf war. Die Jahreszahlen an den Schlusssteinen mancher Häuser verweisen auf ihre Erbauung im 17. Jahrhundert. Bei einigen sind noch die winzigen Innenhöfe zu sehen. Früher scharrten dort Hühner, meckerte eine Ziege, grunzte ein Schwein. Die Dorfbewohner lebten vor allem vom Fischfang oder verdingten sich als Elbschiffer. Manche betrieben ein Handwerk, waren Wein- oder Obstbauern. Ein sicheres Geld brachte der Fährbetrieb über die Elbe ein. Ach ja, die Elbe, für die Loschwitzer von jeher Fluch und Segen. Sie nährte und tötete, brachte Freude und unsägliches Leid. Die Markierungen der Wasserstände vergangener Jahrhunderte am alten Fährhaus machen sprachlos. Jene vom August 2002 steht ganz oben. Auf dem Dorfplatz erinnert ein Denkmal, eine sich überschlagende Welle aus Sandstein, an die Katastrophe.
Etwa auf gleicher Höhe wie die Welle steht das Wohn- und Sterbehaus des Musikpädagogen Friedrich Wieck. Nach dem Zerwürfnis mit Tochter Clara war er im Jahr 1840 von Leipzig nach Loschwitz gezogen. Gegen den Willen des Vaters hatte Clara den Komponisten Robert Schumann geheiratet.
Heute ist Loschwitz ein Refugium der Beschaulichkeit. Wo früher Fischer und Winzer lebten, wohnen jetzt Dresdner Familien. In den Erdgeschossen sind kleine Läden untergebracht. Keramik wird angeboten, Schmuck, Antiquitäten, Handwerkliches aus der Region. Eine Chocolaterie verlockt ebenso zum Hineinschauen wie das Delikatessengeschäft, das Café, eingerichtet wie zu Omas Zeiten, oder die Weinstube an der Ecke. Nicht zu übersehen ist die „Senfbüchse", ein schwarzer Rundbau. Er erinnert an die Rettung zweier Schiffer, die im Februar 1799 bei Eisgang auf der Elbe in Seenot geraten waren.
Der malerische Loschwitzer Dorfkern ist und bleibt ein Insidertipp. Er will entdeckt werden und lebt vor allem vom Weitersagen.

● Alter Dorfkern Loschwitz, Friedrich-Wieck-Straße, 01326 Dresden
● ÖPNV: Haltestelle Körnerplatz

Um 1830
25

Balkon Europas

27 Die Brühlsche Terrasse

Vor 200 Jahren flanierten angesehene Persönlichkeiten aus aller Herren Länder über die Brühlsche Terrasse. Freundlich grüßend lüfteten sie den Hut, plauderten miteinander und freuten sich darüber, dieser oder jener Berühmtheit begegnet zu sein. Bald hieß es, die Terrasse in Dresden sei der „Balkon Europas".

Heutzutage gehört die beliebte Flaniermeile zum touristischen Pflichtgebiet. Am Schlossplatz steigt man die große Freitreppe hinauf und stellt auf der Terrasse fest, dieser Blick ist einmalig! Unten, gemächlich dahinfließend, die Elbe mit den Anlegern der Dampfer. Am Ufer gegenüber die Neustadt. Rechts der große Elbbogen, von der Carola- und der Albertbrücke überquert. Links, flussabwärts, der Blick bis hin zu den Weinhängen in Radebeul.

Diese Aussicht nimmt man nicht einfach so im Vorbeigehen mit. Sie lädt zum Verweilen ein. Am besten auf einer der zahlreichen Bänke entlang des schmiedeeisernen Geländers. Oder – bevor der Spaziergang über die Terrasse beginnt – bei Kaffee und Kuchen im Cafégarten an der Sekundogenitur. Ihr schräg gegenüber erinnert ein figurenreiches Denkmal an Ernst Rietschel, einen der bedeutendsten deutschen Bildhauer des 19. Jahrhunderts.

Der mächtige Bau der Kunstakademie dominiert die Brühlsche Terrasse, an deren Ende die Denkmäler für Gottfried Semper, Ludwig Richter und Casper David Friedrich stehen. Spätestens jetzt drängt sich die Frage auf: Wieso trägt die Terrasse den Namen Brühl? Das kam so: Dem Sohn und Thronfolger Augusts des Starken mangelte es an Durchsetzungskraft. Deshalb überließ er die Staatsgeschäfte nur zu gern seinem Premierminister Heinrich Graf von Brühl. Kraft seines Amtes gönnte sich dieser manch fürstliches Geschenk, wie die breite Terrasse auf der Stadtmauer. Zeitgemäß ließ er sie mit lieblichen barocken Gebäuden bestücken, den „Brühlschen Herrlichkeiten". Und weil das Terrain auf gesamter Länge nun sein Privatbesitz war, sprach man fortan von der Terrasse des Grafen von Brühl. Oder kurz von der Brühlschen Terrasse.

● Brühlsche Terrasse, Georg-Treu-Platz 1, 01067 Dresden
● ÖPNV: Haltestelle Theaterplatz

Kein Milchgesicht

28 Pfunds schöner Milchladen

Seinerzeit war der Milchladen an der Bautzener Straße die Krönung eines florierenden Geschäftsunternehmens rund um die Milch. Heute ist er bei Touristen der absolute Renner. Ganz sicher hat dazu auch sein hochtrabender Name beigetragen: Schönster Milchladen der Welt. Klingt abgehoben, ist es aber nicht. Seit dem Jahr 1998 steht der im Stil der Neorenaissance ausgestattete Milchladen der Gebrüder Pfund mit dieser Bezeichnung im Guinness-Buch der Rekorde. Vormittags ist er meistens brechend voll. Dann nämlich, wenn die Reisebusse auf ihrer Stadtrundfahrt hier einen Stopp einlegen. Deshalb ist der Nachmittag für den individuellen Besuch besser geeignet. Bereits beim Eintreten wissen die Augen nicht, wohin sie zuerst schauen sollen. Die Farbenpracht ist überwältigend. Sämtliche Wände schmücken handgemalte farbige Fliesen der Firma Villeroy & Boch. Auch der Kühlschrank, die Käsetheke und der rekonstruierte Milchbrunnen bestehen aus bemalter Keramik.

Der Inhaber Paul Pfund leistete sich dieses Schmuckstück im Jahr 1891, nachdem er das Milchunternehmen mit viel Elan und noch mehr guten Ideen aufgebaut hatte. Neu daran war, dass er Tierhaltung und Milchproduktion direkt nach Dresden verlegte. Bisher brachten die Bauern ihre Milch jeden Morgen in großen, ungekühlten Kannen in die Stadt. Am Abend nahmen sie auf ihren Wagen gegen Bezahlung allerlei Abfälle aus der Stadt mit. Damit war jetzt Schluss. Endlich konnten die Bürger frische, in der Molkerei vor Ort produzierte und damit hygienisch einwandfreie Milch kaufen.

Der schöne Laden überrascht nicht nur mit optischen Glücksmomenten, man kann darin auch wie in einem ganz normalen Laden Produkte kaufen. Zum Beispiel Milchseife, Milchschokolade oder Milchgrappa. Die Auswahl an stark „duftenden" Käsesorten ist groß. Und wem beim Anblick von so viel deftigem Käse das Wasser zum Munde läuft, der lässt sich ein nach eigener Wahl belegtes Käsebaguette über die Theke reichen und genießt es mit einem Glas frischer Landmilch. Natürlich aus der großen Milchkanne wie zu Uromas Zeiten.

● Dresdner Molkerei Gebrüder Pfund, Bautzner Straße 79, 01099 Dresden
pfunds.de
● ÖPNV: Haltestelle Pulsnitzer Straße

Zahlstelle.

Hier wird jeder satt

29 Der Sophienkeller

Eines der meistbewunderten Barockgebäude in der Dresdner Altstadt ist das Taschenbergpalais. In erwachter Liebe schenkte es August der Starke einst der Gräfin Cosel, einer seiner insgesamt elf offiziellen Mätressen. Doch das ist eine andere Geschichte. Im Krieg bis zur Unkenntlichkeit zerstört, erstrahlt das Palais seit dem Jahr 1995 als Grandhotel in neuem Glanz.

An der Seite zum Zwinger beherbergt es zudem im Kellergewölbe ein ganz besonderes Restaurant, den Sophienkeller. Sowohl in gastronomischer als auch in historischer Hinsicht. Im bürgerlichen Ambiente des 18. Jahrhunderts bietet der Keller Erlebnisgastronomie vom Feinsten. Wer hier allein oder in netter Runde einen heiteren Abend verbringt, lässt sich gern auf diesen Spaß ein. Egal, ob er einen Tisch im Zeithainer Lager, in der Klosterbäckerei, im Zunftgewölbe, an der Freiherrentafel oder im Alchimistenkeller wählt, ein leckeres Mahl und ein zünftiges Bier servieren ihm die Mägde überall.

Hungrig ist noch niemand gegangen. Zum knusprigen Spanferkel, über dem offenen Feuer am Spieß gebraten, oder der Haxe aus der Feldküche wird ein wahrhaft königlicher Kloß gereicht. Aus der Hofbäckerei kommen frische Brote und Kuchen. Bereits am Eingang strömen dem Gast köstliche Back- und Bratendüfte entgegen, denen er gern ins Innere des Restaurants folgt. In der warmen Jahreszeit ist der Biergarten geöffnet, im Schatten des Cholerabrunnens. Den hatte ein reicher Dresdner Bürger gestiftet, zum Dank dafür, dass Dresden Mitte des 19. Jahrhunderts wie durch ein Wunder von der Cholera verschont blieb. Die dahinterstehende Ruine der Sophienkirche wurde im Jahr 1963 unsinnigerweise abgebrochen. Fotos und ein Modell im Sophienkeller sowie eine nahe gelegene Gedenkstätte erinnern an die frühere evangelische Hofkirche.

Am Abend schauen Gaukler, Musikanten und gelegentlich sogar August der Starke höchstselbst in dem urigen Gewölberestaurant vorbei und unterhalten das herbeigeeilte Volk mit illustren Neuigkeiten aus dem Sachsenland.

- Sophienkeller im Taschenbergpalais, Taschenberg 3, 01067 Dresden
  sophienkeller-dresden.de
- ÖPNV: Haltestelle Theaterplatz

Alt wie ein Baum

30 Die Kaditzer Emmauskirche und ihre Linde

Ist es nicht ein Glück, vor dem wahrscheinlich ältesten Baum Sachsens zu stehen, der Kaditzer Sommerlinde? Auf stolze 800 bis 1000 Jahre wird sie geschätzt. Doch nicht nur ihretwegen lohnt der Weg an den nordwestlichen Stadtrand Dresdens in das ehemalige Dorf Kaditz.
Längst hat hier das moderne Leben Einzug gehalten, dennoch hat sich der Ort über Jahrhunderte hinweg seinen dörflichen Charakter bewahrt. Und den spürt man auch beim Spaziergang zur evangelischen Emmauskirche, einer der ältesten Kirchen im Dresdner Raum. Sehenswert ist der hölzerne Kanzelaltar mit den Figuren der Apostel Petrus und Paulus. Geschaffen von dem Bildhauer Johann Gottfried Knöffler. Als besonderer Schatz der Kirche gelten die mit farbiger Schablonenmalerei versehenen Kassettendecken in Saal und Chor.

Auf dem Kirchhof steht die betagte, zum Naturdenkmal erklärte Linde. Trotz ihres hohen Alters und mehrerer Schicksalsschläge hält sie sich noch immer am Leben. Mit 20 Metern Höhe und einem Stammumfang von über 9 Metern zählt sie zu den „national bedeutsamen Bäumen Deutschlands".
Sie diente im Mittelalter als Gemeindepranger. In Halseisen waren die Delinquenten an den Baum gefesselt. Für die Ketten schlug man dicke Nägel in den Stamm. Wütete Feuer im Dorf, stand die Linde mit ihrem mächtigen Geäst schützend vor der Kirche. Dabei erlitt sie jedes Mal schmerzliche Wunden. Den verheerenden Dorfbrand im Jahr 1818 hätte sie beinahe nicht überlebt. Zahlreiche Häuser, Scheunen und Gehöfte standen bereits in Flammen, da erfasste das Feuer auch das Pfarrhaus, sprang von dort auf die Linde über, fraß ein tiefes Loch in ihren Stamm. Doch die Natur ist stark. Mit den Jahren heilte die Linde ihre Wunden aus eigener Kraft und überdeckte sie mit neuer Rinde.
Eine schmale, umlaufende Bank um den knorrigen Stamm lädt den Besucher zum Verweilen ein. Hier sitzt er auch bei einem Regenschauer im Trockenen. Zumindest für eine gewisse Zeit.

TIPP

Zum Einkehren empfiehlt sich das urige Altkaditzer Wirtshaus. Es befindet sich nur wenige Gehminuten von der Kirche entfernt in Altkaditz 9.

- Kirchhof der Emmauskirche, 01139 Dresden
  laurentius-dresden.de
- ÖPNV: Haltestelle Seewiesenweg oder Altkaditz

Ein Haus voller Schätze

31 Das Residenzschloss

Sie sucht ihresgleichen, die einstige Residenz der Wettiner im Herzen der historischen Altstadt. Betritt der Besucher den „sächsischen Louvre" durch einen der drei Eingänge, gelangt er zunächst in den lichtdurchfluteten kleinen Schlosshof. Zwangsläufig schaut er nach oben und fragt sich, was es mit der einzigartigen Überdachung auf sich hat, und erfährt: Die transparente Kuppelschale besteht aus 265 aufgeblasenen Kunststoffmembranen, die unter Druck gehalten werden. Sie sind in ein filigranes Stabgitter eingefasst. Dank dieser durchdachten Konstruktion entstand hier das zentrale Museumsfoyer mit den Kassen, das übrigens auch für Veranstaltungen genutzt wird. Die Überdachung garantiert, dass die Besucher bei Wind und Wetter im besten Sinne des Wortes im Trockenen stehen.
Wo einst die sächsischen Landesherren residierten, laden heute Kunstwerke von unschätzbarem Wert zum Betrachten ein. Dabei wurde das Dresdner Schloss im Februar 1945 zu 80 Prozent zerstört. Nach der Sicherung der Ruine begann im Jahr 1986 der Wiederaufbau.
Zurzeit kann der Besucher zwischen sieben nach neuesten musealen Gesichtspunkten gestalteten Museen bzw. Sammlungen wählen.
Wahrscheinlich lenkt er seine Schritte zuerst in das Historische Grüne Gewölbe. Die acht original wiederhergestellten Prunkräume sind eine faszinierende Symbiose zwischen der barocken Raumgestaltung und dem präsentierten Kunstobjekt. Wer das Staunen verlernt hat, hier lernt er es wieder. Zum Schatzkammermuseum gehört auch das Neue Grüne Gewölbe. In zehn Räumen können über 1000 Kunstschätze in 200 spiegelfreien Vitrinen bewundert werden.
Nicht weniger sehenswert sind die Rüstkammer, die „Türckische Cammer", das Kupferstichkabinett, das Münzkabinett und die Dauerausstellung „Weltsicht und Wissen um 1600". Weitere hochkarätige Ausstellungen werden folgen, denn dank der ausgeprägten Sammelfreude der Wettiner sind die Magazine der Staatlichen Kunstsammlungen Dresden noch längst nicht leer.

● Staatliche Kunstsammlungen Dresden, Residenzschloss, Taschenberg 2, 01067 Dresden, skd.museum
● ÖPNV: Haltestelle Postplatz

Hanswurst ade

32 Laubegast und seine Neuberin

Wer auf dem Elberadweg flussaufwärts unterwegs ist, sollte in Laubegast am rechten Elbufer eine Rast einlegen. Aus drei Gründen. Erster Grund: der wohltuende Blick über die Elbe hinweg auf den ländlich bebauten ehemaligen Weinhang von Wachwitz.
Zweiter Grund: Sommer's Wirtshaus im traditionsreichen Volkshaus Laubegast mit kleinem Biergarten. Der Wirt hat ein Herz für die zahlreichen Radfahrer, die an seinem Haus vorbeiradeln. Für sie hält er seine ganz speziellen Elbradler-Gerichte bereit. Zudem kommen aus der hauseigenen Patisserie täglich frische Blechkuchen und Apfelstrudel.
Der dritte Grund ist die „Mutter der deutschen Schauspielkunst". Unmittelbar neben dem Volkshaus steht das in die Jahre gekommene und deshalb tiefschwarze Denkmal aus Sandstein. Es erinnert an Caroline Friederike Neuber, genannt die Neuberin. Im Vogtland geboren, wuchs das Kind unter der Hand ihres gewalttätigen Vaters auf. Caroline war 20 Jahre, als ihr der zweite Fluchtversuch gelang. Mit ihrem späteren Ehemann Johann Neuber schloss sie sich einer „Komödiantenbande" an. Die Schauspielerei galt damals als verrufen. Das wollte Caroline ändern. Gemeinsam mit ihrem Mann gründete sie eine eigene Theatergruppe. Sogar am Dresdner Hof erntete sie damit Anerkennung. Zeitlebens wandte sich die Neuberin gegen das Spektakeltheater, engagierte gute Schauspieler und führte niveauvolle, dichterisch künstlerische Stücke auf. Sie verbannte den beim Volk so beliebten, schamlose Witze reißenden Hanswurst von der Bühne, indem sie ihn öffentlich als Puppe verbrannte. Trotz wachsender Konkurrenz, übler Intrigen und persönlicher Schicksalsschläge blieb sie ihrem künstlerischen Anspruch treu und bereitete damit der deutschen Schauspielkunst den Boden. Völlig verarmt flüchtete sie 1760, nach dem Angriff der Preußen auf Dresden, aus der brennenden Stadt nach Laubegast. Hier starb sie im Alter von 63 Jahren. 6 Jahre später errichteten Theaterfreunde das Denkmal.

● Volkshaus Laubegast, Laubegaster Ufer 22, 01279 Dresden
volkshaus-laubegast.com
● ÖPNV: Haltestelle Leubener Straße

CAROLINE NEUBE
DIE MUTTER DES DEUTSCHEN SCHAUS
GEB. 9. MAERZ 1697 GEST. 30. NOVEMBER

Neu aufgespielt

33 Der Kulturpalast

Nicht nur Freunde klassischer Musik empfinden ihn als wahren Glücksort, wenn sie im neuen Konzertsaal des Kulturpalastes ein Musikereignis erleben. Zum Beispiel mit der Dresdner Philharmonie. Nach 5 Jahren des „Vagabundierens" ist sie im April 2017 in ihr Haus zurückgekehrt.

Der neue Konzertsaal besticht neben seiner modernen Architektur vor allem durch die weiche Akustik. Ähnlich einer Arena spielt im Parkett das Orchester. Ringsum erheben sich terrassenartig zwei Ränge. Neu im Kulturpalast ist der Einzug des beliebten Kabaretts „Die Herkuleskeule" in den kleineren Saal im Erdgeschoss. Auch die Stadtbibliothek fühlt sich mit ihren 300.000 Medien im Kulturpalast bestens aufgehoben. Das freut besonders die jungen Leseratten. Jetzt finden sie ihre Bibliothek am Altmarkt, einem zentral gelegenen Ort.

Vieles von dem, was den Kulturpalast zu DDR-Zeiten ausmachte, ist noch da. Allem voran das Anliegen, ein Haus der Kultur zu schaffen. Ein offenes, für die Bürger frei zugängliches Haus. Dieser Gedanke bestimmte auch das Umbaukonzept des dringend sanierungsbedürftigen Gebäudes.

Mit seiner Eröffnung im Oktober 1969 schenkte die Stadt ihren beiden hervorragenden Orchestern – der Dresdner Philharmonie und der Dresdner Staatskapelle – eine neue Spielstätte. Ein riesiger Mehrzweckbau im Sinne eines Kulturhauses war entstanden. Ein Ort für Konzert, Show, kleines Theater, Gastronomie. Ein Festsaal für über 2400 Besucher, der durch seine Multifunktionalität bestach. So konnte das Parkett samt Gestühl gekippt und mit dem Umbau der Bühne und Teilen des Zuschauerraums in eine ebene Fläche verwandelt werden. Nutzbar für Veranstaltungen mit Tanz und Gastronomie.

Die Dresdner haben in den zurückliegenden fast 50 Jahren eine enge Beziehung zu ihrem „Kulti" aufgebaut. Doch mit der erneuten Umbauung der Frauenkirche störte er das Ensemble von Bürgerhäusern aus der Zeit des Barock. Sogar den Abriss zog man in Erwägung. Dagegen protestierten viele Dresdner. Zum Glück!

● Kulturpalast Dresden, Schloßstraße 2, 01067 Dresden
kulturpalast-dresden.de
● ÖPNV: Haltestelle Altmarkt

Jede Menge Porzellan

34 Der Dresdner Fürstenzug

Sächsische Geschichte auf 102 Metern Porzellan. Das muss man gesehen haben! An der Rückwand des Langen Gangs im Stallhof erstreckt sich über die gesamte Länge der Augustusstraße der Dresdner Fürstenzug.

Anlass für die Entstehung des imposanten Wandbildes war die im Juni 1889 bevorstehende 800-Jahr-Feier des Herrscherhauses Wettin, eines der ältesten Geschlechter des europäischen Hochadels. Ihm entstammen unter anderem die englische Königin Elisabeth II. und König Philippe von Belgien. Künftig sollte eine Ahnengalerie der Wettiner die heruntergekommene Rückwand schmücken.

Der aus dem Erzgebirge stammende Historienmaler Wilhelm Walther nutzte die Chance. Nach 12 Jahren Arbeit legte er einen beeindruckend lebendigen Entwurf vor und erntete begeisterte Zustimmung.

Scheinbar auf einem Gobelin mit verzierter Schmuckkante ziehen 35 Regenten und 58 Personen Gefolgschaft optisch gesehen ihrer Vergangenheit entgegen. Seltsam! Eine Begründung dafür lautet: Die von der Stadt ins Schloss Kommenden sollten den Majestäten ins Antlitz schauen und nicht den Pferden aufs Hinterteil. Eine andere besagt: Die Wettiner reiten aus der Residenz hinaus in ihre früheste Vergangenheit. Wie auch immer. Jedenfalls schenkte der Fürstenzug Wilhelm Walther erstmals finanzielle Unabhängigkeit und begründete seinen Aufstieg zum Professor der Kunstakademie.

Das Bild wurde in der aufwendigen Kratzputztechnik Sgraffito ausgeführt. Doch nach 25 Jahren bröckelte der Putz. Hilfe bot die Porzellanmanufaktur Meissen an. Dort war es inzwischen gelungen, witterungsbeständige Keramikfliesen für Außenwände herzustellen. Nach Walthers Vorlagen produzierte die Manufaktur nun ein riesiges Puzzle. Fast 25.000 Fliesen der Größe 20,5 cm x 20,5 cm verließen zwischen 1903 und 1906 die Manufaktur, um sie an der Wand der Augustusstraße fugenlos anzubringen. In den Jahren 1978/79 erfolgte eine umfassende Sanierung. Etwa 670 Fliesen wurden dabei ergänzt bzw. erneuert und damit der Erhalt des längsten Wandbilds der Welt gesichert.

- Dresdner Fürstenzug im historischen Altstadtkern, Augustusstraße, 01067 Dresden
- ÖPNV: Haltestelle Theaterplatz

GEORG D. BAERTIGE
1500-1539

Ein Herz fürs grüne Wohnen

35

Die Gartenstadt Hellerau

Dresden-Hellerau. Die erste Gartenstadt in Deutschland. Ein gesamter Ort als geschütztes Flächendenkmal, mit Ambitionen zum UNESCO-Weltkulturerbe. Hält der Ort im Dresdner Norden, was er verspricht? Und ob! Am besten, man fährt mit der Straßenbahn Linie 8 vom Postplatz bis zur Haltestelle Heinrich-Tessenow-Weg. Von hier aus lässt sich die Gartenstadt bequem auf einem kleinen Rundweg erkunden. Allein oder in Begleitung eines ortskundigen Gästeführers.

Beim Spaziergang entlang der Reihenhäuser kommt unwillkürlich die Frage auf: Geht's noch kleiner? Wohl kaum. Was in den Jahren nach 1913 für die Arbeiterfamilien des Möbelfabrikanten Karl Schmidt der reinste Luxus war, darf heute gut und gern als Liebhaberei betrachtet werden. Wer hier wohnt, hat sich nicht nur mit der räumlichen Enge arrangiert, er liebt diese Art zu leben. Und die Liebe spürt man auf Schritt und Tritt.

Da sind die aus Holz gefertigten, grün gestrichenen Türen und Fensterläden, die einheitlichen Giebel der ausgebauten Dachgeschosse, die bunt bepflanzten Gärten vor oder hinter den Häusern.

Als Karl Schmidt im Jahr 1909 in Hellerau seine Dresdner Werkstätten für Handwerkskunst errichtete, schuf er gleichzeitig für seine Arbeiter bezahlbaren, sozial verträglichen Wohnraum. Eine menschenwürdige Alternative zu den Wohnkasernen in den Arbeitervierteln der Großstädte. So entstanden damals unter Federführung des Architekten Heinrich Tessenow 345 Kleinstwohnhäuser. Klein, aber hell, trocken, funktional und naturbezogen.

Bis 1945 kamen weitere Häuser hinzu, die der Tradition der Gartenstadt folgten. Dazu gehörten auch die Umbauung des Marktes, das Festspielhaus – damals wie heute Heimstatt für zeitgenössische Kunst – sowie die Reformschule. Die Idee der Gartenstadt nach einem genossenschaftlichen Konzept fand damals auch in anderen deutschen Städten Anklang, so in Nürnberg, Augsburg, Essen und Neumünster. Doch in keiner wurde es so konsequent verwirklicht und erhalten wie in Dresden-Hellerau.

- Gartenstadt Hellerau, 01109 Dresden
- ÖPNV: Haltestelle Heinrich-Tessenow-Weg

Wo Napoleon einst siegte

36

Das Moreau-Denkmal

Geschichtlich Interessierte fragen oft nach Orten und Stätten historisch bedeutsamen Geschehens. Einer dieser eindrucksvollen Orte befindet sich auf der Räcknitzhöhe. Für Freunde der Napoleonzeit ist er geradezu ein Muss, denn auf einer kleinen Erhebung, umgeben von drei alten Eichen, steht das Denkmal für Jean-Victor Moreau.

Der erfolgreiche französische General war Napoleon ein Dorn im Auge. Durch Intrigen fiel Moreau in Ungnade, wurde verbannt, wanderte nach Amerika aus. Seiner soldatischen Untätigkeit müde, nahm Moreau im Frühjahr 1813 das Angebot des russischen Zaren an, in seiner Armee gegen Napoleon zu kämpfen. Als einziger General der Verbündeten sprach sich Moreau im August 1813 gegen den Angriff auf Dresden aus, der für die Stadt und seine Bevölkerung schließlich verheerende Folgen hatte. In einer blutigen Kanonenschlacht kämpfte Napoleon gegen die Übermacht der verbündeten Armeen Russlands, Preußens und Österreichs und besiegte sie. Die Schlacht um Dresden war sein letzter bedeutender Sieg auf deutschem Boden. Eine strategische Meisterleistung. Sie kostete 25.000 Soldaten das Leben und hinterließ ebenso viele Verwundete. Die Stadt war eine einzige von Hunger, Krankheit und Verzweiflung gezeichnete Lazarettstadt, die allmählich ihren Lebensmut verlor. Am 27. August 1813, während eines Gesprächs mit dem Zaren, zerschmetterte eine Kugel General Moreau beide Beine. 6 Tage später starb er in Böhmen an den Folgen der Verletzung.

Von zahllosen Bewunderern wird Jean-Victor Moreau heute als Held, als mutiger Widerständler verehrt. Bei genauer Betrachtung seiner Beweggründe für den Seitenwechsel erscheint jener mehr pragmatisch als heldenhaft.

Wie man darüber auch denken und urteilen mag, eines beglückt Moreau-Verehrer und Moreau-Kritiker an diesem historischen Ort gleichermaßen: der einmalige Blick über Dresden. Bei klarer Sicht reicht er bis hin zu den Radebeuler Weinhängen. Fernab der brodelnden Stadt lässt sich hier besinnlich über Vergangenes nachdenken.

- Moreau-Denkmal, 01217 Dresden
- ÖPNV: Haltestelle Räcknitzhöhe

MOREAU

Theater zu Wasser

37 Der THEATERKAHN

Lachen auf hohem Niveau. Diesen Anspruch garantieren die Betreiber des Repertoiretheaters Brettl seit dem Jahr 1988. Ihre Spielstätte ist nicht nur originell, sondern auch einmalig in Deutschland. Wer, vom Theaterplatz kommend, die breite Treppe rechter Hand des Italienischen Dörfchens hinuntergeht, die Straße überquert und just am Wasser steht, hat das Ziel bereits erreicht, denn das Theater spielt in einem Kahn.

Nach der Wende ging das Kabarett Brettl als erstes Theater Sachsens in eine freie Trägerschaft über. Auf der Suche nach einer respektablen Bleibe entdeckten die Betreiber im Dresdner Alberthafen den ausgedienten Lastkahn Marion, der seiner Verschrottung entgegensah. Mit viel Mut und noch mehr Ideen kauften sie den Kahn für eine D-Mark, erweckten ihn mittels Kredit zu neuem Leben und eröffneten im Oktober 1994 ihr Theater-Schiff. Ein Mini-Theater mit 216 Plätzen in Parkett und Rang sowie moderner Bühnentechnik.

Mit etwa 300 Vorstellungen im Jahr zählt der THEATERKAHN zu den beliebtesten Theatern Dresdens. Sein Spielplan reicht „... von Erich Kästner bis Loriot, von Goethe bis Georg Kreisler, von Daniel Glattauer bis Theresia Walser". Rechtzeitig um Karten bemühen sollte sich, wer sächsische Stars wie unter anderem Tom Pauls, Peter Kube, Wolfgang Stumpf, Katrin Weber oder Bernd-Lutz-Lange erleben möchte. Einer großen Nachfrage erfreuen sich auch die Veranstaltungen zur Adventszeit mit Friedrich-Wilhelm Junge und dem Michael-Fuchs-Trio: „Heiter-besinnliche Weihnachtsgeschichten, Gedichte und Lieder".

Und wie es sich für ein ordentliches Theater gehört, wird der Gast auch kulinarisch verwöhnt. Die linke Schiffshälfte ist dem Restaurant Kahnaletto vorbehalten – man beachte die hintersinnige Schreibweise. Die Hochwasser 2002 und 2013 hat der vertäute Kahn zwar schwankend, aber heil überstanden. Und damit jedermann weiß, wie hoch die Elbe steht, zeigt der Kahn oben rechts, grün leuchtend, den Elbe-Pegel an. Exakt am Kilometer 55,6.

● THEATERKAHN – Dresdner Brettl gGmbH, Terrassenufer an der Augustusbrücke, 01067 Dresden, theaterkahn.de
● ÖPNV: Haltestelle Theaterplatz

Elbe Biergarten
THEATERKAHN
Das Theater auf der Elbe
Pegel Dresden
Marion

Versteckte Oase

38 Der Carolasee und sein Schlösschen

Zwinger, Residenzschloss und Frauenkirche lernt beinahe jeder kennen, der Dresden einmal besucht. Hingegen weniger bekannt, jedoch viel umschwärmt ist das Schlösschen am Carolasee. Prospekte preisen es als malerisch gelegene Oase der Ruhe, umgeben von üppiger Natur und nicht weit vom Stadtinnern entfernt.
Zum Carolasee und seinem Gasthaus pilgern die Dresdner nun schon seit über 120 Jahren. Und das nicht nur zur Sommerszeit. Nein, auch im Winter, wenn der See eine genügend dicke Eisschicht trägt. Im Sommer Boot fahren. Im Winter Schlittschuh laufen. Und danach sitzt man gern beisammen bei Kaffee und Kuchen oder einem kühlen Bier.
Aber von vorn: Die Geschichte des Carolasees mit seinem Schlösschen begann bereits im Jahr 1873, nachdem König Johann das Zeitliche gesegnet und König Albert nebst Gemahlin Carola den sächsischen Thron bestiegen hatte. Der damalige Direktor des Großen Gartens erweiterte diesen, indem er dem Dorf Strehlen vorgelagerte Felder nebst einer wenig ergiebigen Kiesgrube abkaufte. Aus ihr entstand ein 2,8 Hektar großer See mit Fontäne. Später gesellte sich ein schlossähnliches Gasthaus mit Schankgarten hinzu. Was lag näher, als beides – See und Schlösschen – nach der verehrungswürdigen Landesmutter Carola zu benennen.
Im Krieg zerstört, entstand das Schlösschen bis 1999 neu. Das Grand Café im Erdgeschoss überrascht mit seiner Ausstattung im Stil eines Kaffeehauses der Art-déco-Epoche. Im Restaurant Galerie sitzt man unter einer imposanten Glaslichtkuppel. Bei angenehmem Wetter locken die Terrassen mit 350 Wohlfühlplätzen und einem zauberhaften Blick zum See.
Wer sich im Carolaschlösschen gestärkt hat, nutzt anschließend gern die Gelegenheit zu einem Spaziergang rund um den See. Oder er besucht den nahe gelegenen Dresdner Zoo und gönnt sich danach noch eine Fahrt mit der Parkeisenbahn durch den Großen Garten. Gewissermaßen als Abschluss eines erholsamen und zugleich erlebnisreichen Tages.

- Carolaschlösschen, Querallee 7, 01219 Dresden
  carolaschlösschen.de
- ÖPNV: Haltestelle Querallee oder Tiergartenstraße

Königlich exotisch

39 Im Botanischen Garten

Vom Alpinum über Pflanzen des Kaukasus bis zur Tertiäranlage – der Botanische Garten der Technischen Universität Dresden bietet nicht nur Pflanzenfreunden einen Ort der Entspannung und der Bereicherung ihres Wissens. Er liegt am nordwestlichen Ende des Großen Gartens, nicht weit entfernt von der gläsernen VW-Manufaktur.

Zahlreiche Dresdner kommen mehrmals im Jahr hierher. Auch unter den Touristen hat sich die 3,25 Hektar große Anlage mit ihren nahezu 10.000 Pflanzenarten als Tipp herumgesprochen. Mit der Orientierungskarte in der Hand beginnt der Streifzug durch die Flora unseres Erdballs.

Der Freilandbereich ist geographisch gegliedert. So mancher Besucher sinkt bei den Heil- und Kräuterpflanzen in die Knie und schnuppert an den oft unscheinbaren Exemplaren, deren hilfreiche Wirkung man kaum vermutet. Im Sommer zaubern die Einjährigen ein buntes Blütenmeer, locken Bienen und Schmetterlinge an.

Weiter geht es zu den drei öffentlich zugänglichen Schau-Gewächshäusern mit Pflanzen aus tropischen und subtropischen Regionen. Im Amerika-Tropenhaus überwintern die Kübelpflanzen. Das Große Tropenhaus beeindruckt vor allem mit seiner Aquarienabteilung, die eine Vielfalt an Wasserpflanzen zeigt. Vor dem Haus wächst, was schon vor 60 Millionen Jahren in Mitteleuropa zu Hause war. Nur damals gewaltig größer. Ebenso alt sind die hier aufgestellten Baumreste. Ist es nicht ein irres Gefühl, den Teil eines Baumes aus unserer Urzeit zu berühren?

Im Sukkulenten-Haus bestaunt man zahlreiche Arten von Kakteen, Orchideen und fleischfressenden Pflanzen. Doch einmal im Jahr läuft ihnen ein Kakteengewächs den Rang ab: Selenicerus grandiflorus – Königin der Nacht. In einer einzigen Nacht im Juni entfalten die sechs Pflanzen für wenige Stunden ihre etwa 30 cremeweißen großen Blüten. Für die nächtlichen Besucher ein faszinierendes Erlebnis und ein weiterer Grund, den Botanischen Garten in Dresden spätestens in einem Jahr wieder zu besuchen.

● Botanischer Garten der TU Dresden, Stübelallee 2, 01307 Dresden
tu-dresden.de/bg
● ÖPNV: Haltestelle Straßburger Platz

Hoch hinauf und umgeschaut

40 Die Schwebebahn

In viereinhalb Minuten gemächlicher Fahrt verbindet die Dresdner Schwebebahn den Ortsteil Loschwitz mit Oberloschwitz. Während der Fahrt den ehemaligen Weinberg hinauf oder hinunter kommt man ganz nahe an so manch nobler Villa samt gepflegtem Garten vorbei und sagt sich: Hier lässt sich's leben!

Seit dem Jahr 1901 verrichtet die Schwebebahn ihren Dienst ohne nennenswerte Pannen. Die benachbarte, zum Villenviertel Weißer Hirsch hinaufführende Standseilbahn war bereits im Oktober 1895 in Betrieb, als die Oberloschwitzer Bürger ebenfalls eine Bergbahn forderten.

Das Königreich Sachsen war Anfang des 20. Jahrhunderts die stärkste Industrieregion Deutschlands. In der Residenzstadt entstand eine Fabrik nach der anderen. Besonders in der Dresdner Neustadt. Eine Bergbahn sollte die erforderliche Verkehrsverbindung schaffen. Die federführende Dresdner Elektra AG entschied sich für das Einschienen-Hängebahnprinzip des Kölner Ingenieurs Eugen Langen, der fast zeitgleich die Wuppertaler Schwebebahn konstruierte.

Die Bergschwebebahn in Dresden wartet mit beachtlichen technischen Werten auf: Zwei führerlose Wagen legen im Pendelbetrieb eine Strecke von 273,8 Metern zurück. Der Höhenunterschied beträgt 84,2 Meter. Die beiden Wagen werden durch ein 38 Millimeter starkes Zugseil bewegt. Die Dampfmaschine wurde im Jahr 1909 durch einen Gleichstrommotor ersetzt.

Stellt sich die Frage: Was bringt uns heute eine Fahrt mit der Schwebebahn und worin besteht das Glück? Es besteht in dem imposanten Fahrgefühl und der einmaligen Aussicht vom Turm der Bergstation. Wer einmal hier war, wird den Rundumblick über Dresden und das Elbtal so schnell nicht vergessen. Sehenswert ist auch die Technikausstellung im Turm. Das Maschinenhaus kann nach vorheriger Anmeldung ebenfalls besichtigt werden. Damit uns die Bahn, ihr Turm und die tolle Aussicht noch lange erhalten bleiben, stellte die Stadt Dresden die Schwebebahn im Jahr 1975 unter Denkmalschutz.

- Schwebebahn Dresden, Pillnitzer Landstraße 5, 01326 Dresden
  dresdner-bergbahnen.de
- ÖPNV: Haltestelle Körnerplatz

Luises heimlicher Lieblingsort

41 Das Café Toscana

Die Dresdner Eierschecke ist legendär. Im Café Toscana – zwischen Schillerplatz und Blauem Wunder gelegen – schmeckt sie einfach himmlisch. Nein, es heißt nicht Schnecke, sondern Schecke. Der Name des beliebtesten heimischen Kuchens erklärt sich aus seiner weißgelben Beschichtung: unten dünner Teig, darüber Quark, obenauf eine süße, schaumig geschlagene Eigelbmasse. Und je höher und luftiger diese Masse auf dem saftigen Unterbau thront, desto köstlicher wandert die Schecke über die Zunge.

So mag es auch der namensgebende Gast des Cafés empfunden haben, die sächsische Kronprinzessin Erzherzogin Luise von Österreich-Toskana.

Die lebensfrohe junge Dame sorgte Anfang des 20. Jahrhunderts am sächsischen Hof für einen Skandal. Als Ehefrau des Kronprinzen Friedrich August III. genoss sie, weit mehr als ihr Gemahl, die Sympathie des Volkes. Der steife Dresdner Hof reagierte verschnupft. Mit kleinen Bosheiten machte er Luise das Leben schwer. Kein Wunder, dass sie allzu gern in dem fernab vom Schloss gelegenen „Kaffeeausschank" Ablenkung suchte. Kein Wunder auch, dass sie sich letztlich einen Liebhaber nahm, den Lehrer ihrer Kinder, und mit ihm Dresden in Richtung Heimat verließ. In den 1940er-Jahren blickte Luise auf zwei Ehen, zwei Scheidungen, mehrere Liaisons und acht Kinder zurück. Vom Wiener Hof verstoßen, bestritt sie ihren Unterhalt in den letzten Jahren ihres Lebens in Brüssel als Blumenfrau. Dort starb sie im März 1947 im Alter von 77 Jahren.

Das Café Toscana ist heute ein regelrechter Pilgerort für Liebhaber gepflegter Kaffeekultur. Besonders begehrt sind die Tische im Wintergarten mit Blick auf das Blaue Wunder und den Loschwitzhang. Und nach dem Genuss von Kaffee und Kuchen sind es keine 5 Minuten Fußweg zum Schiffsanleger Blasewitz. Mehrmals täglich halten dort die Dampfer. Vorbei an den Villen und den drei Elbschlössern schippern sie flussabwärts der Altstadt zu.

- Café Toscana, Schillerplatz 7, 01309 Dresden
  cafe-toscana.de
- ÖPNV: Haltestelle Schillerplatz

Linden weit und breit

42

Die Pieschener Lindenallee

Mit Düften ist das so eine Sache. Dem süßen Duft blühender Linden kann sich wohl kaum jemand entziehen.

Dresden besitzt gleich mehrere stattliche Lindenalleen. Manche verdankt ihre Existenz dem Tod des Vorgängers. An der Stübelallee zum Beispiel standen früher Kastanien, deren Anblick durch das Wüten einer Milbe bereits im Juli alles andere als erfreulich war. Einzige Lösung: rigorose Rodung der Kastanien und Anpflanzung von Linden, in der Hoffnung, dass die Milben keine Linden mögen.

Die Hoffnung war nicht von ungefähr, denn eine Allee in Dresden trotzt seit fast 300 Jahren den Launen der Natur und den Umweltsünden der Menschen: die Pieschener Lindenallee. Zwischen der Elbe und dem Ostragehege verlässt sie die Straße und führt dann immer geradeaus. Plötzlich herrscht Ruhe ringsum. Ich gehe und atme tief durch. Hier überholt mich kein Auto mehr, kein Motorrad, kein Lkw. Und je weiter ich durch die von frischem Grün umsäumte Gasse gehe, desto ferner dringen die Geräusche der Stadt an mein Ohr. Mir ist, als spaziere ich unter einer riesigen Pergola, umgeben vom Duft blühender Linden.

Wie so manches in Dresden verdankt auch dieses kostbare, künstlich angelegte Stück Natur seine Entstehung August dem Starken. Im Jahr 1720 begann er mit dem Bau einer gigantischen barocken Parkanlage im Ostragehege. Hauptattraktion sollte eine vom Residenzschloss schnurgerade bis zum Pieschener Elbbogen führende Lindenallee sein. Vierreihig! Das Projekt blieb ein Fragment. Erst Anfang des 20. Jahrhunderts wurden neue Linden gepflanzt und im Jahr 1995 noch bestehende Lücken mit weiteren 70 Bäumen geschlossen.

Aus der barocken Anfangszeit stehen noch 35 Linden auf der etwa 2 Kilometer langen Allee. Heute ist sie ein geschütztes Flächendenkmal und ein Paradies für über 20 Arten brütender Vögel. An ihrem Ende bietet sich ein herrlicher Blick über die Elbe hinweg auf die Stadtteile Pieschen und Übigau.

- Pieschener Allee, 01067 Dresden
- ÖPNV: Haltestelle Kongresszentrum oder Messe Dresden

Japanisch eingeläutet

43 Der Canaletto-Blick

Seit 270 Jahren ist er untrennbar mit Dresden verbunden, der Canaletto-Blick. Wer vor der berühmten Vedute des venezianischen Malers Bernardo Bellotto – genannt Canaletto – in der Gemäldegalerie Alte Meister steht, verspürt zwangsläufig den Wunsch, diesen fantastischen Blick auf die Dresdner Altstadt mit eigenen Augen zu sehen.

Dazu geht er am besten über die Augustusbrücke auf die Neustädter Seite, schwenkt kurz vor dem Ende der Brücke links ab, läuft die Treppe hinunter und dann am Elbufer weiter in Richtung Marienbrücke. Auf halbem Weg sollte er beim Japanischen Pavillon eine Rast einlegen, denn das Glockenspiel auf dem Dach des Pavillons stimmt jede Viertelstunde eine Melodie an. Nun noch ein paar Meter weiter flussabwärts gehen und dann zurückschauen.

Etwa in dieser Höhe hat Canaletto im Jahr 1748 seine Staffelei aufgestellt und über die Wiese und den Fluss hinweg die Stadtsilhouette von Dresden gemalt. Er nannte das Gemälde „Dresden vom rechten Elbufer unterhalb der Augustusbrücke". Allerdings hat der Meister notgedrungen ein klein wenig geschummelt. Mit dem Turm der damals im Bau befindlichen Hofkirche hatte man noch gar nicht begonnen. Canaletto sah sich die Zeichnungen an und malte den Turm im Baugerüst. Übrigens hat er dieses Bild noch dreimal gemalt, einmal auch ohne Gerüst.

Wer den Blick ausreichend genossen hat und jetzt Appetit auf ein saftiges Grillsteak und ein kühles Bier verspürt, der gehe den gleichen Weg wieder zurück und lasse sich im Elbsegler nieder. Er gehört zum The Westin Bellevue Dresden, einem exzellenten Hotel für den gehobenen Anspruch. In Lounge-Möbeln unter weißen Sonnensegeln kann man es sich in dem Biergarten in lockerer Atmosphäre so richtig gut gehen lassen. Bis in den Abend hinein. Dann präsentiert sich die angestrahlte historische Silhouette in einem zauberhaften Licht.

Fast möchte man den Hofmaler Bernardo Bellotto bedauern. So beeindruckend illuminiert hatte er diesen Blick nie vor Augen.

● Elbsegler, Große Meißner Straße 15, 01079 Dresden
bilderberg-bellevue-dresden.de/biergarten-elbsegler
● ÖPNV: Haltestelle Neustädter Markt

Hier weilte Herr von Goethe

44

Dresdner Romantik im Kügelgenhaus

Wer über die Hauptstraße stadtauswärts spaziert, bemerkt linker Hand eine Reihe barocker Bürgerhäuser. Etwa in der Mitte steht das im Rokokostil erbaute Haus „Gottessegen". Ein dreistöckiges Gebäude mit kleinem Turm. Unterhalb des Dachsimses steht die Inschrift „An Gottes Segen ist alles gelegen". Auch durch seine leuchtend gelbe Fassade fällt es auf. In der zweiten Etage wohnte von 1808 bis 1820 die Familie des aus dem Rheinland stammenden Porträt- und Historienmalers Gerhard von Kügelgen. Seine beiden wohl bekanntesten Gemälde sind die Porträts von Johann Wolfgang von Goethe und Friedrich von Schiller.
Gern öffnete der Meister sein Haus fortschrittlich gesinnten Künstlern und Denkern. Dresden war damals eine Hochburg der Romantik. In geselliger Runde diskutierten Herren und auch Damen über Kunst, rezitierten und musizierten. Goethe weilte mehrmals im Haus Gottessegen. Mit Gerhard von Kügelgen verband ihn eine enge Freundschaft. Im März 1820 fiel der hochgeschätzte Maler einem Mordanschlag zum Opfer. Sohn Wilhelm, der in die Fußstapfen des Vaters trat, setzte mit seinen „Jugenderinnerungen eines alten Mannes" dem Vater ein bleibendes Denkmal. Als das Buch im Jahr 1870 in Erstauflage erschien, avancierte es zum Bestseller der deutschen Leserschaft.
Heute befindet sich in der Wohnung der Familie von Kügelgen das Museum der Dresdner Romantik. Schnell lässt der Besucher in den neun thematisch gestalteten Räumen die Gegenwart hinter sich. Aufmerksam geht er von Gemälde zu Gemälde, bemerkt die knarrenden Holzdielen und die mit Sinnbildern bemalten Balkendecken, meint Gerhard von Kügelgen zu sehen, wie er malend in seinem Atelier an der Staffelei steht. Als Vorlage für das nachgestaltete Atelier diente ein Gemälde von Georg Friedrich Kesting, der oft zu Gast bei der Familie von Kügelgen war.
Das Museum gestattet einen Einblick in die Geisteshaltung des beginnenden 19. Jahrhunderts. Es besticht durch seine Authentizität und seine geheimnisvolle, die Fantasie anregende Beschaulichkeit.

● Museum der Dresdner Romantik, Hauptstraße 13, 01097 Dresden
kuegelgen-dresden.de
● ÖPNV: Haltestelle Neustädter Markt

Kugelgenhaus

Verblichene Lustbarkeit

45 Der Park des Lustschlosses Pillnitz

Zu Zeiten von August dem Starken begaben sich die Majestäten vornehmlich auf dem Wasserweg von der Dresdner Residenz nach Pillnitz. Da sollte der erste Eindruck für die illustren Gäste natürlich der beste sein. Wohl deshalb gab sich der Baumeister Matthäus Daniel Pöppelmann beim Entwurf des Wasserpalais besondere Mühe.

Dem heutigen Besucher von Schloss und Park Pillnitz wird der gleiche Weg empfohlen. In gut 90 Minuten schippert der Dampfer flussaufwärts. Kurz vor dem Anleger in Pillnitz passiert er das Wasserpalais. Jetzt heißt es schnell reagieren, um in den wenigen Augenblicken des Vorbeifahrens das begehrte Foto zu schießen.

Für den Spaziergang durch die Schloss- und Parkanlage, die dem sächsischen Königshaus im 19. Jahrhundert als Sommerresidenz diente, sollte man sich reichlich Zeit und Muße nehmen. Der Park besteht aus sechs zusammenhängenden Gärten. Jeder beherbergt eine Vielzahl seltener und exotischer Gewächse. Die meisten von beachtlichem Alter. Der einstige Lustgarten zwischen Berg-, Wasser- und Neuem Palais wird traditionsgemäß in barocker Manier gärtnerisch gestaltet. Mit weißen Bänken, einem Springbrunnen und Schatten spendenden Bäumen. Die drei Palais im damals modischen chinesischen Stil beinhalten das Schlossmuseum, die katholische Kapelle und die Schlossküche sowie das Kunstgewerbemuseum der Staatlichen Kunstsammlungen Dresden.

Drei ganz besondere Attraktionen des Schlossparks sollte sich der Besucher nicht entgehen lassen: die 8,60 Meter hohe Kamelie mit ihrem gläsernen Schutzhaus, die überdachte Tritonengondel und das Palmenhaus mit Pflanzen aus Südafrika, Australien und Neuseeland. Bei seiner Fertigstellung im Jahr 1859 galt es als „größtes ganz aus Gusseisen bestehendes Gewächshaus Deutschlands".

Für den schnelleren Weg zurück nach Dresden kann man statt des Dampfers auch den Stadtbus nehmen. Oder man setzt mit der Fähre nach Kleinzschachwitz über und fährt von dort mit der Linie 2 der Straßenbahn.

- Schloss & Park Pillnitz, August-Böckstiegel-Straße 2, 01326 Dresden
  schlosspillnitz.de
- ÖPNV: Haltestelle Pillnitzer Platz

Genial überbrückt

46 Das Blaue Wunder

Nein, mit dem bekannten traurigen Hintergrund des bekannten Sprichworts hat sie nichts zu tun. Die Brücke nimmt ihren Namen wörtlich. Sie präsentiert sich als technisches Wunder mit blauem Anstrich und ist unbedingt ein Ort positiver Gefühle. Auf ihren beiden äußeren Gangbahnen bleiben die Leute gern stehen, lehnen sich übers Geländer, schauen den Dampfern zu, die unter ihnen hinwegfahren, und genießen den Blick auf die Villenviertel in den ehemaligen Weinbergen.
Die Bezeichnung „Wunder“ bezieht sich auf die grandiose, mit Nieten zusammengehaltene Konstruktion aus 3500 Tonnen Stahl. Die Brücke ist 280 Meter lang, 12 Meter breit und ist offiziell die Loschwitzer Brücke.
Am 15. Juli 1895, nach nur 2 Jahren Bauzeit, wurde sie ihrer tragenden Bestimmung übergeben. Doch die Stadtväter trauten dem Frieden nicht. Die Brücke war damals eine der ersten großen Stahlbrücken Europas, die ohne Strompfeiler auskamen. Konnte das gutgehen? 4 Tage wurde der Halt der Brücke einer für damalige Verhältnisse gewaltigen Belastungsprobe unterzogen. Etliche Dampfwalzen fuhren darüber, Feuerwehren, mit Steinen beladene Wagen. Sogar eine Schützenkompanie marschierte mutig über die Fahrbahn. Doch der Konstrukteur Professor Dr. Claus Köpcke wusste, was er aufs Reißbrett gezeichnet hatte: eine nicht schwingende, dreigelenkige Auslegerbrücke, die den Anschein einer Hängebrücke erweckt.
Den Namen Blaues Wunder gestand ihr der Volksmund zu. Wegen des hellblauen Anstrichs. Nichts da mit entschwundenem Grün! Rechnungen belegen den Kauf einer blauen Rostschutzfarbe.
Mittlerweile kränkelt die „alte Dame“. Nach heute 123 Dienstjahren hat sie ihre Runderneuerung redlich verdient. Die bekommt sie bis zum Jahr 2023 für 45 Millionen Euro. Danach können wir auch weiterhin mit guten Gefühlen über sie spazieren und den herrlichen Ausblick genießen.

● Loschwitzer Brücke, zwischen Blasewitz und Loschwitz, 01326 Dresden
● ÖPNV: Haltestelle Schillerplatz

Potz Blitz!

47 Im SchillerGarten am Schillerplatz

„Historisches Restaurant mit hauseigener Patisserie und großem Biergarten“. Kann man dieser vollmundigen Ankündigung auf der Suche nach einem Glücksort widerstehen?
Unzählige Gäste pilgern jährlich in den SchillerGarten und lassen es sich gutgehen. Apropos Schiller. In Blasewitz und Loschwitz ist Friedrich von Schiller allgegenwärtig: Schillerplatz, Schillerstraße, Schillerhäuschen, Schillerapotheke, Schillergalerie usw. Ob die geballte Konservierung seines Namens dem weltoffenen Friedrich gefallen hätte? Etwas Gutes bewirkt sie bestimmt: Nachfolgende Generationen werden aufhorchen, ihre Smartphones zücken und erkunden wollen, wer der viel benannte Dichter war. Im besten Fall sehen sie sich im Schauspielhaus „Die Räuber“ oder „Wallensteins Lager“ an und resümieren dann im SchillerGarten bei Radeberger Bier und sächsischem Sauerbraten: „Gut gemacht, Friedrich, war echt super!“
Wer hier speist, weiß sich an denkbar historischem Ort. Bereits im Jahr 1764 eröffnete an dieser Stelle das Fleischersche Schankgut. Schiller kehrte hier gern ein. Wohl auch wegen der Schankwirtstochter Justine Renner, genannt Gustel. Später verewigte er sie im „Wallenstein“ wenig schmeichelhaft als Marketenderin. Den Jäger lässt er erstaunt ausrufen: „Was? Der Blitz! Das ist ja die Gustel aus Blasewitz.“ Abwandlungen machten daraus: „Potz Blitz! …“ So heißt auch die Hauszeitung des Lokals.
Die Nähe zur Elbe macht den Besuch des SchillerGartens besonders reizvoll. Vor allem im Sommer im großen Biergarten. Man schaut links zum Blauen Wunder, sieht über der Elbe den alten Loschwitzer Dorfkern, die Schwebebahn und die noblen Villen, eine schöner als die andere. Den Schiffsanleger umlagern Scharen von Enten und Schwänen.
Wenn die Dampfer unter der Brücke durchfahren, kippen sie den Schornstein hinten weg. Tun sie es nicht, fahren sie dahinter ohne Schornstein weiter. Nun aber los! Der nächste Dampfer ist bereits in Sicht.

- SchillerGarten, Schillerplatz 9, 01309 Dresden
  schillergarten.de
- ÖPNV: Haltestelle Schillerplatz

Alles nur Theater?

48 Im Schauspielhaus

Besucher sind im Dresdner Schauspielhaus stets willkommen. Das 37 Mitglieder zählende Ensemble brilliert mit exzellenter Schauspielkunst und bringt jährlich etwa 25 Neuinszenierungen auf die Bühne. Das Restaurant William im zweiten Obergeschoss sorgt für kulinarische Genüsse. Beide – Ensemble und Restaurant – schätzen das Haus, in dem sie agieren.

Das im Jahr 1913 eröffnete Schauspielhaus machte europaweit von sich reden. Es besaß die modernste Bühnenanlage, mit hydraulisch betriebenen Hubpodien. Einer der bekanntesten Künstler, die in dem Haus spielten, war der Lübecker Erich Ponto. Im Jahr 1914 kam er nach Dresden und war 33 Jahre am hiesigen Schauspielhaus tätig, drei davon als Intendant. In Dresden hatte er auch erste Kontakte zum Film. Und er entdeckte und förderte zwei hervorragende Schauspieler: Rolf Ludwig und Gerd Fröbe.

Erich Ponto setzte sich sehr für den Wiederaufbau seiner im Februar 1945 zerstörten Wirkungsstätte ein, konnte sich jedoch mit den sowjetischen Besatzern nicht arrangieren. Im September 1947 verließ er Dresden.

Nach dem Krieg wurde das Große Haus des Staatstheaters Dresden zwangsläufig für viele Jahre neben dem Schauspiel auch für Ballett und Oper genutzt. In den Jahren 1993 bis 1995 erfolgte eine umfassende Sanierung des Gebäudes, wobei die ursprüngliche Ausgestaltung wiederhergestellt und modernste Bühnentechnik eingebaut wurde.

Heute lässt das Schauspielhaus auch für besonders anspruchsvolle Theaterfreunde keine Wünsche offen.

Und im Restaurant William beteuert der Küchenchef: „Unsere Karte ist unkompliziert und bringt deutsche Küche auf den Punkt. Ein belegtes Brot lassen wir ebenso zum Erlebnis werden wie die Lieblingsgerichte aus unserer Kindheit.“

Na, dann: Vorhang auf für einen rundherum vergnüglichen Theaterabend im Dresdner Schauspielhaus!

● Staatsschauspiel Dresden, Theaterstraße 2, 01067 Dresden
staatsschauspiel-dresden.de
● ÖPNV: Haltestelle Postplatz

ÄLTESTES
BEWAHRT
MIT TREUE
FREUNDLICH
AUFGEFASSTES
NEUE
SCHAUSPIELHAUS
Staatsschauspiel Dresden

Ein Stollen ohne Mundloch

49

Der Dresdner Christstollen

Er sieht gut aus und ist nichts für Hungerkünstler. In Symbiose mit einer Tasse Kaffee entfaltet er sein Genusspotenzial besonders gaumenfreundlich. Die Bezeichnung „Stollen" hat nichts mit dem Bergbau zu tun. Sie leitet sich von dem altdeutschen „stollo" ab, was so viel wie Pfosten bedeutet und auf die äußere Form verweist. Besonders köstlich schmeckt er mit reichlich Rosinen im Leib und obenauf Puderzucker. Es heißt, die pudrige Umhüllung symbolisiere das in weißes Linnen gewickelte Christkind.

Wer einen Stollen haben möchte, hat in Dresden und Umgebung reichlich Auswahl, den köstlichsten für sich zu erkunden. Denn jeder Bäcker, jeder Konditor, jede backfreudige Dresdner Oma verleiht dem offiziellen Rezept die eigene kreative Note. Am besten, man kostet sich auf den Dresdner Weihnachtsmärkten einfach durch. Und eben deshalb werden Orte, an denen man sich im Advent den Dresdner Christstollen einverleibt, zu vorweihnachtlichen Glücksorten. Doch Achtung: nur echt mit Siegel! Jedes Jahr werden die Stollen der hiesigen Hersteller auf Qualität geprüft, bevor sie vom Schutzverband Dresdner Stollen e. V. das begehrte Siegel bekommen. Es zeigt aus gutem Grund den Goldenen Reiter, August den Starken zu Pferde. Majestät hielt im Juni 1730 in Zeithain ein Lustlager ab. Neben der Demonstration seiner militärischen Stärke stellte er auch sein Talent zu illustrer Unterhaltung unter Beweis. Er ließ einen Riesenstollen backen. Dieser wog 1,8 Tonnen, war 7 Meter lang, 3 Meter breit und 30 Zentimeter dick. Zerschnitten wurde das süße Monster mit einem 1,60 Meter langen und 12 Kilogramm schweren Stollenmesser in 24.000 Portionen.

In heiterer Erinnerung daran findet seit 1994 im Advent das Dresdner Stollenfest statt. Auf einem Planwagen wird ein Riesenstollen bis zum Altmarkt gefahren und dort in Stücken verkauft. Ein Großteil des Erlöses kommt einer karitativen Einrichtung zugute und der Förderung der nachwachsenden Bäckergeneration. Somit dient die kalorienreiche Sünde am Ende auch noch einem guten Zweck.

● Dresdner Stollenfest am Samstag vor dem 2. Advent, Dresdner Altmarkt, 01067 Dresden, dresdnerstollen.com
● ÖPNV: Haltestelle Altmarkt

NER STOLL

Sprudelnde Zirkusluft

50

Der Sarrasani-Brunnen

Er ist ein rechter Glücksort für Kinder. Lachend sitzt der Clown auf seiner riesigen Kugel und jongliert mit dem linken Fuß einen Ball. Der umgedrehte Schirm auf dem Kopf schützt ihn vor dem Wasser, das aus dem Rüssel eines mächtigen Elefanten spritzt, dem drei Elefantenkinder folgen. Das vierte sitzt auf dem Brunnenrand und freut sich seines Lebens.

Kinder hüpfen vor Freude, wenn sie den Brunnen sehen. Manch alter Dresdner schmunzelt nachdenklich, weil ihn der Brunnen an den „Circus Sarrasani" mit seinen berühmten Elefanten erinnert. 32 Jahre stand an dieser Stelle das seinerzeit größte und schönste feste Zirkusgebäude Europas, mit über 3000 Plätzen. Stolz eröffnete Direktor Hans Stosch-Sarrasani senior (1873–1934) sein Haus im Dezember 1912. Er schenkte dem Zirkus damit in Dresden ein steinernes Winterquartier. Schon bald stand der Name Sarrasani für eine ganz neue, faszinierende Art der Unterhaltung. Hans Stosch-Sarrasani hob den Zirkus qualitativ auf eine höhere Stufe. Für den damals herrschenden Zeitgeist wagte er provokante Wege und erntete Begeisterung.

TIPP

In unmittelbarer Nähe befindet sich die Hauptstraße mit zahlreichen Möglichkeiten zum Einkehren und Einkaufen.

Vom Stallburschen zum erfolgreichen Geschäftsmann – was für ein grandioser Aufstieg! Doch sein Elternhaus in Radebeul interessierte das nicht. Als 14-Jähriger hatte Hans seine Begeisterung für den Zirkus und den damit verbundenen Berufswunsch dem Vater offenbart. Enttäuscht und über alle Maßen verärgert enterbte er den Sohn. Zeitlebens versöhnten sie sich nicht.

Der Wiederaufbau des im Krieg zerstörten Zirkusgebäudes kam nicht zustande. Von seiner Existenz erzählt seit dem Jahr 2007 der Brunnen am Carolaplatz. Geschaffen von dem Dresdner Bildhauer Vinzenz Wanitschke, der auch den rekonstruierten Engel am Altar der Frauenkirche schuf. Lebendiger hätte er an einen Zirkus wohl kaum erinnern können als mit einem Kunstwerk, das Kinder zum Lachen bringt.

● Sarrasani-Brunnen, Sarrasanistraße 9, 01097 Dresden
● ÖPNV: Haltestelle Carolaplatz

chaft Johannstadt eG

Entdeckungen in Barock

51 Auf der Zwingergalerie

Glücksorte gibt es im historischen Altstadtkern zuhauf. So manches Erlebnis bleibt dem Besucher jedoch verborgen, weil er nicht weiß, wie er zu ihm findet.

Da wäre zum Beispiel der an optischen Eindrücken reiche Spaziergang über die Zwingergalerie. Wie gelangt man vom Theaterplatz dorthin? Ganz einfach: Am Ende der Gemäldegalerie Alte Meister steht das Denkmal für Carl-Maria von Weber. Daneben führt ein leicht ansteigender Weg zum Wallpavillon hinauf, und schon steht man auf der Galerie.

Von hier oben scheinen die Dächer der Altstadt zum Greifen nahe. Nach Westen geschaut, sieht man den zum Hotel Maritim umgebauten Erlweinspeicher und die eindrucksvolle Glaskuppel der Tabakmoschee Yenidze. Geht man weiter in Richtung Kronentor, gibt es gleich zu Beginn der Balustrade einen Punkt, von dem aus man alle wichtigen Türme bzw. Krönungsfiguren sehen kann: Staatskanzlei mit sächsischer Krone, Panterquadriga der Semperoper, Turm der Hofkirche, Turmkreuz der Frauenkirche, Hausmannsturm am Schloss, Rathaus mit goldenem Rathausmann, Turm der Kreuzkirche.

TIPP

Zur Einkehr empfiehlt sich hinter dem Denkmal von Carl Maria von Weber das Café & Restaurant Alte Meister, mit Blick auf den Theaterplatz.

Vom Kronentor aus eröffnet sich ein faszinierender Blick über den gesamten Zwingerhof: gegenüber der prächtige Semperbau mit der Gemäldegalerie Alte Meister. Rechts die Porzellansammlung und der Glockenspielpavillon. Links am Wallpavillon der Mathematisch-Physikalische Salon und das Nymphenbad.

Die polnische Krone, die August der Starke im September 1697 erlangte, war sein ganzer Stolz. Und mit dem Kronentor wollte er aller Welt sagen: Ich bin König! Er verband damit grandiose Wünsche. Einer war besonders grandios: Majestät wiegte sich in der Vorstellung, der neue Fest- und Feierplatz solle bis hinunter zum Elbufer reichen, etwa dort, wo heute das Italienische Dörfchen steht.

Sei's drum! Wir begnügen uns gern mit dem Blick vom Kronentor zur Sempergalerie. Kleiner, aber nicht minder fein.

● Dresdner Zwinger, Sophienstraße, 01067 Dresden
● ÖPNV: Haltestelle Postplatz

Volltreffer mit Schmackes

52 Die Schankwirtschaft Zum Schießhaus

Hat man den historischen Altstadtkern erkundet und sich dabei vielleicht noch einige der steinernen Highlights von innen angeschaut, verlangen müde Beine und knurrender Magen eine Rast. Möglichst mit Biergarten und zünftigen Speisen. Fündig wird man unweit vom Zwingerteich, dort, wo ein neues Wohnviertel entstanden ist. Moderne Immobilien mit komfortablen Eigentumswohnungen. Hier ist vieles recht, aber nichts billig.

Mittendrin, in den Resten eines früheren Dorfes, behauptet ein historisches Wirtshaus wacker seine Eigenständigkeit. Gewissermaßen als Zeugnis einer kriegerischen und jagdfreudigen Zeit. Denn wer vor 300 Jahren ein guter Schütze sein wollte, musste üben. Zu diesem Zweck entstanden Schießhäuser. Sie boten den Schützen nicht nur die erforderlichen Schießstände, sondern auch das Vergnügen, sich nach den Schießübungen bei Speis und Trank zu kräftigen. In diese Gepflogenheit reihte sich auch das hiesige Schießhaus ein.

Heute ist es eine beliebte Schankwirtschaft mit Biergarten und sächsischer Küche, sofern es diese über Kartoffelsuppe und Quarkkäulchen hinaus überhaupt gibt.

Alle Gasträume sind ein optisches Erlebnis. Trotzdem ziehen die Gäste bei gutem Wetter den Biergarten vor. Wer unter den Bäumen sein schattiges Plätzchen gefunden hat, freut sich beim Blick in die Speisenkarte auf leckere Schweineschmalz-Bemmchen, zarten Wildschweinbraten oder das deftige Rippchenbrett. Jedes Gericht ist seine Sünde wert. Kräftig nachgespült wird mit frisch gezapftem Bier. Jeder hier einkehrende Gast sollte es halten wie einst die Schützen. Denen rief der Wirt freudig zu:

„Wackere Schützen frech und keck,
bleibt nun wohlgemut an diesem Fleck.
Seien's Fische, Braten oder Wein – die Parole heißt:
Haut rein!"

● Zum Schießhaus Dresden, Am Schießhaus 19, 01067 Dresden
zum-schiesshaus.de
● ÖPNV: Haltestelle Am Zwingerteich

Am Schießhaus
Alte Schankwirtschaft
Zum Schießhaus
Geöffnet täglich
von 11.00 - 24.00 Uhr
Feldschlößchen

Durchweg gesund

53 Das Hygiene-Museum und mehr

„Die Gesundheit ist zwar nicht alles, aber ohne Gesundheit ist alles nichts." Dieser Aphorismus Arthur Schopenhauers birgt eine tiefe Wahrheit. Der Industrielle Karl-August Lingner hatte sie bereits um das Jahr 1900 erkannt und in Dresden in die Tat umgesetzt. Er ging davon aus, dass Krankheiten über den Mund in den Menschen gelangen. Als logische Folge dessen erfand und produzierte er gemeinsam mit einem Arzt ein antiseptisches Wasser. Damit sollte sich der Bürger morgens und abends den Mund spülen. Der Verkauf des weltweit ersten Mundwassers „Odol" wurde ein Riesenerfolg. Als vermögender Mann verwirklichte Lingner schließlich seinen Traum. Im Jahr 1912 konzipierte er das 1930 eröffnete, aus seinem Nachlass finanzierte Deutsche Hygiene-Museum Dresden. Es ist das einzige Fachmuseum für Gesundheitspflege und Hygiene in Europa.

Und es ist ein Museum zum Anfassen. Man geht selbst auf Entdeckertour in Sachen Gesundheit. Mit der Dauerausstellung „Abenteuer Mensch", dem erlebnisorientierten Kinder-Museum und wechselnden, aktuelle Themen aufgreifenden Sonderausstellungen bietet das Museum ein breites Spektrum rund um das Thema Mensch und Gesundheit.

Doch nicht nur das Hygiene-Museum propagiert Gesundheitsbewusstsein. In seiner unmittelbaren Nähe findet der nach aktiver Freizeitgestaltung verlangende Bürger gleich drei Highlights, die sein sportliches Herz begeistern. Allen voran das Stadion Dresden, ein reines Fußballstadion für die Sportgemeinschaft Dynamo Dresden. Der Vorgängerbau stammte noch aus dem Jahr 1923. Nach dessen Abriss entstand bis 2008 ein neues, überdachtes Stadion für über 32.000 Zuschauer. Gleich daneben lädt das Georg-Arnhold-Bad, ein modernes Hallen- und Freibad, zum Sprung ins angewärmte Nass ein. Und wer gern radelt, joggt oder seinen Körper zwecks Ertüchtigung auf Inlineskates fortbewegt, der findet dafür im Großen Garten beste Bedingungen.

Genau betrachtet, ist das gesamte Areal ein riesiger, historisch gewachsener Ort für Freizeit, Sport, Gesundheit und Erholung. Wer hier nicht glücklich wird, ist selber schuld.

- Deutsches Hygiene-Museum Dresden, Lingnerplatz 1, 01069 Dresden
  dhmd.de
- ÖPNV: Haltestelle Georg-Arnhold-Bad oder Deutsches Hygiene-Museum

ER THE WORLD
DEUTSCHES HYGIENE-MUSEUM
GESICHT
TIERISCH BESTE FREUNDE

Wir sein mit dem Radel da ...

54 Auf dem Elberadweg

Dresden ist ein gern gewähltes Reiseziel. Die meisten Gäste reisen mit Bus, Bahn oder Pkw an. Jedoch antworten immer mehr auf die Frage, womit sie nach Dresden gekommen sind: „Wir sind mit dem Fahrrad da!“ Der Elberadweg erfreut sich wachsenden Zuspruchs. Er ist 1260 Kilometer lang und folgt dem Flusslauf der Elbe durch Deutschland von Südost nach Nordwest.

In Dresden machen die Radfahrer gern einige Tage Station. Es gibt einfach zu viel zu sehen. Und mit dem Rad kommt man an Orte, die mit anderen Verkehrsmitteln nicht erreicht oder durchfahren werden können. Allen voran der Große Garten. Und wer sich als Unkundiger professionell durch Dresden führen lassen möchte, der nehme sich einen lizenzierten Dresdner Gästeführer zur Seite. Natürlich mit Rad!

Obwohl der Elberadweg in Dresden auf beiden Seiten verläuft, ist die linkselbische Seite wegen ihrer durchgehend guten Radwege zurzeit noch die beliebtere Seite. Nach längeren Fahrtstrecken erweist sich der Radlertreff Johannstadt oft als rettender Anker. Hier kann bei Imbiss und kühlen Getränken eine Pause eingelegt und Kraft für die nächste Etappe getankt werden.

Hat man die Albertbrücke und die Waldschlösschenbrücke hinter sich gelassen, führt der Radweg entlang des großen Elbbogens. Auf der anderen Seite sind jetzt das alte Wasserwerk, Schloss Albrechtsberg, das Lingnerschloss, Schloss Eckberg und die Villen des Nobelviertels Bad Weißer Hirsch zu sehen. Unter dem Blauen Wunder hindurch führt der teils asphaltierte Radweg weiter bis nach Kleinzschachwitz. Hier kann man mit der Fähre nach Pillnitz übersetzen, das Rad abstellen und durch den Park des barocken Lustschlosses spazieren. Anschließend geht es rechtselbisch weiter. Unterhalb von Wachwitz mit dem Fernsehturm lassen noch viele ländliche Häuser mit ihren Rebstöcken in den Vorgärten den früheren Weinbau erahnen. Für eine ausgiebige Rast sind die Elbterrassen eine gute Adresse, bevor man zurück zur Altstadt radelt, direkt auf das historische Panorama zu.

TIPP

Bei Pannen bekommen Radler Hilfe im Bike Hospital, Wettiner Platz 10 a, keine 100 Meter vom Bahnhof Mitte entfernt.

● Elberadweg in Dresden, dresden.de

Volle Kanne bio

55

Das Vorwerk Podemus

Im Hofladen am Dresdner Schillerplatz kann man selber zapfen. Nein, kein Bier aus dem Zapfhahn, sondern Milch aus dem ersten „Stadteuter". Kein Witz! Man bringe eine Flasche, Kanne oder ein anderes Gefäß mit und „melke" die Biomilch vom Vorwerk Podemus da hinein.

Alles begann mit einem Kartoffelverkauf auf dem Hof des Vorwerks, sagt Biobauer und Chef Bernhard Probst. Seit dem Jahr 1991 betreibt er im Dresdner Ortsteil Podemus organischen Landbau unter dem Motto: Mehr Bio – mehr glücklich! Im Jahr 2016 erhielt er den CERES AWARD für den besten Biolandwirt im deutschsprachigen Raum.

Inzwischen gibt es allein in Dresden acht Podemuser Hofläden. Möchte man die gesunden Produkte lecker zubereitet und zudem in origineller Umgebung genießen, dann kehre man im Biobahnhof Klotzsche ein. Der ehemalige Bahnhof ist jetzt ein Biomarkt mit Restaurant und Biergarten. Auf der Speisekarte stehen ausschließlich Gerichte mit ökologisch produzierten Lebensmitteln. Sogar das Bier ist bio.

TIPP

Im Zschonergrund empfiehlt sich die idyllisch gelegene Zschoner Mühle zur Einkehr.

Zu einem Erlebnis für die gesamte Familie wird der Besuch des Vorwerks Podemus selbst. Es befindet sich im äußersten Westen der Stadt, leicht erhöht im Lößhügelland. Deshalb hat man bereits auf der Fahrt dorthin einen herrlichen Blick über Dresden. Umgeben von Weidewiesen und fruchtbaren Feldern. Obstbäume säumen den Weg zum Vorwerk.

Während sich die Erwachsenen das reichhaltige Angebot im Biomarkt ansehen, gibt es für die Kinder im Hof lustige Spielmöglichkeiten. Noch lieber beobachten sie jedoch aus nächster Nähe die in Außenställen gehaltenen Tiere. Im Melkhaus darf dann die Biomilch ebenfalls selbst gezapft werden. Für einen Euro der Liter. Frischer geht's nicht! Abrunden könnte man den Ausflug ins Landleben mit einer Wanderung durch das Landschaftsschutzgebiet Zschonergrund. Und wer dabei allzu sehr ins Schwitzen kommt, gönnt sich in dem nahe gelegenen NaturKulturBad eine Abkühlung.

- Vorwerk Podemus Ökologischer Landbau Bernhard Probst, Podemuser Ring 1, 01156 Dresden, vorwerkpodemus.de
- ÖPNV: Haltestelle Roitzscher Straße

Rosenduft am Elbufer

56

Im Dresdner Rosengarten

Freunde gepflegter Rosengärten finden auf der Neustädter Seite ein kleines Paradies. Ein beliebter Spaziergang dorthin führt zunächst über die Augustusbrücke, dann hinunter zum Elbufer und weiter flussaufwärts, vorbei an der Sächsischen Staatskanzlei, zur Auffahrt der Albertbrücke. Hier befindet sich der Haupteingang zum denkmalgeschützten Rosengarten.

Über das gesamte Jahr hinweg ist er für jedermann frei zugänglich. Das circa 29.500 Quadratmeter große, lang gestreckte Areal erfreut den Besucher von Ende Mai bis in den Herbst hinein mit der Blütenpracht von etwa 120 Rosenarten. Die Längsseiten des Gartens begrenzen Bäume und Strauchgewächse. Einige seltene Gehölze stammen noch aus der Gründungszeit, den Jahren nach 1936. Auch die lebensgroße Bronzeplastik „Gesundheit" im ersten der drei Gartenbereiche stammt aus dieser Zeit. Anlass war damals die Reichsgartenschau Dresden. Das gesamte Königsufer wurde zu einer Promenade gestaltet. Damit entstand ein würdiges Pendent zur gegenüberliegenden Altstadt, Dresdens optischem „Sahnestück".

Im Mittelteil des Gartens wachsen auf 70 Beeten nach Farben geordnete Rosensorten, von Weiß über Rosa und Rot bis hin zu Orange und Gelb. Zwischen den Beeten kann man auf schmalen, mit Schiefer ausgelegten Pfaden die Rosen ganz nahe betrachten und an ihnen riechen.

Über eine Freitreppe gelangt man in den letzten, deutlich tiefer gelegenen Bereich, den Senkgarten. Hier sind die Rosenbeete in Form einer riesigen Rosenknospe angelegt. Im August 2002 stand der Senkgarten eine Woche lang fast 2 Meter unter Wasser.

Alle Gartenbereiche schmücken Plastiken. Sie stellen eine sensible Verbindung zwischen Kunst und Natur dar. Eine gelungene Unterbrechung der Rosenpracht ist der Rittersporngarten mit seinem leuchtenden Blau. Am Ende des Rosengartens gibt es einen gastronomischen Ruhepunkt, das Café und Restaurant Rosengarten. Mit modern gestalteten Gasträumen und einer Terrasse, auf der man zum Kaffee schöne Altstadtblicke genießen kann.

● Dresdner Rosengarten, Carusufer 10, 01099 Dresden
rosengarten-dresden.de
● ÖPNV: Haltestelle Rosa-Luxemburg-Platz

Klein Erich auf der Mauer

57 Im Erich Kästner Museum

Der Ausstellungsraum ist nicht groß. Früher war er ein Wohnraum. Das spürt man noch. Zum 101. Geburtstag des Dresdner Schriftstellers am 23. Februar 2000 zog das Erich Kästner Museum in die stattliche Villa ein. In der Mitte des Raumes steht ein Multimediakern, umringt von 13 mobilen Säulen mit Büchern und farbigen Schubfächern. Die kann man aufziehen. Das macht neugierig. Kärtchen liegen darin mit Fotos, Zitaten, auch mit Sprüchen, sinnreich wie alles, was Erich Kästner schrieb. Auf einem der Kärtchen stehen seine Gedanken „… über gewisse Schriftsteller: ‚Sie fahren das Erlebte und Erlesene nicht in die Scheunen ein und nicht zur Mühle. Sie zeigen ihre Felder statt der Ernte, die noch am Halme wogenden Gefühle, und sagen zu den Lesern stolz und fest: Das wär's – nun fresst!' "
Das Stöbern macht Spaß. Erinnerungen kommen auf. Einige der Bücher hat man als Kind verschlungen. „Emil und die Detektive" natürlich und „Das doppelte Lottchen". Hinter Glas liegt die Erstausgabe des Kinderbuchs „Das fliegende Klassenzimmer" neben Dingen aus Kästners Alltag: Jackett, Hut, ein Kartenspiel, die Olivetti-Reiseschreibmaschine. In seiner Kindheit war Kästner oft zu Gast in der Villa seines wohlhabenden Onkels Augustin. Das heutige Museum – dem Schriftsteller von Weltruhm gewidmet – kommt nicht als Museum im gewohnten Sinn daher. Es entsteht erst beim Besuch, versteht sich als „mobiles interaktives micromuseum". Das erste weltweit! Jeder Besucher entdeckt Erich Kästner auf seine Weise. Künftig werden auch Internetbesucher die Schubladen öffnen und bestimmte Exponate betrachten können.
Die Beletage der Villa beherbergt den Museumsshop und das Lesecafé. Bei einer Tasse Kaffee studiert man gern die ausgelegten Prospekte. Staunt über das vielfältige Veranstaltungsangebot des nicht alltäglichen Literaturhauses, das man Freunden gern zum Besuch empfiehlt.
Im Garten zwinkert man ihm noch mal zu, dem kleinen Erich Kästner. Ein Dresdner Junge in Bronze gegossen. Wie damals sitzt er auf der Mauer und schaut „… dem Leben und Treiben auf dem Albertplatz zu".

● Erich Kästner Museum, Antonstraße 1, 01097 Dresden
kaestnerhaus-literatur.de
● ÖPNV: Haltestelle Albertplatz

Erinnerung

58 Der Gedenkstein Dresden 1813

Geschichtsinteressierte Besucher Dresdens, insbesondere jene, die Napoleon und seiner Zeit nachspüren, werden diesen Gedenkstein im Stadtteil Kaitz ebenso zielgerichtet aufsuchen wie das Moreau-Denkmal auf der Räcknitzhöhe. Wer zufällig vorbeikommt, bleibt verwundert stehen und fragt sich, was es mit diesem kegelförmigen Gebilde auf grüner Wiese auf sich hat. Beim Nähertreten erkennt er drei gleich große, aus glattem Sandstein gefertigte Stelen, die aufeinander zustreben. Die Stelen berühren sich nicht, dennoch sind sie durch das gemeinsame Tragen einer Kanonenkugel miteinander verbunden.

Beim genauen Betrachten fallen die Namen auf den Innenseiten der Stelen auf: Russland, Preußen, Österreich. Zu beiden Seiten des Kegels liegt jeweils ein unbehauener Stein. Darauf die Jahreszahlen: 1813 und 1913. Der dritte Stein dahinter trägt eine beschriftete Platte. Wer den Text liest, erfährt, dass er sich an einem geschichtlich bedeutsamen Ort befindet. Bedeutsam für das Gedächtnis der Stadt.

Der Betrachter hält inne. Stellt sich vor, wie die verbündeten Armeen im August 1813 im Süden Dresdens aufmarschierten, um Napoleon zu schlagen. Das Gemetzel kostete 25.000 Menschen das Leben. Auf einer Wiese des damaligen Dorfes Kaitz befand sich ein Verbandsplatz für Hunderte verwundete Soldaten. Ihr Stöhnen auf der später sogenannten Tränenwiese war weithin hörbar.

Die grob behauene Sandsteinplatte, die den Kegel trägt, soll das Leid der Verwundeten und die Entbehrungen der Bevölkerung symbolisieren, deren Dorf die Franzosen bis auf die Grundmauern niederbrannten.

Zugegeben, es ist eine andere Art von Glück, das der sensible Besucher an dem Denkmal empfinden wird. Das Glück, sich der Menschen von damals zu erinnern. Und das Glück der Dankbarkeit denjenigen gegenüber, die uns dieses Erinnern ermöglichen.

Den Besuch der Gedenkstätte könnte man mit der Einkehr im traditionsreichen, bei den Dresdnern sehr beliebten Café Weinberg und einem Spaziergang durch das Kaitzbachtal verbinden.

● Denkmalensemble zum 200. Jahrestag der Befreiungskriege 1813, Possendorfer Straße, 01217 Dresden, geschichtsverein-kaitz.de
● ÖPNV: Haltestelle Altkaitz

RUSSLAND
1913

Lokal mit Straßenbahn

59 Museumsgastronomie im DRESDEN 1900

Dreist, stolz und postgelb steht sie inmitten der Gaststube, die HELENE. Sie darf das. Sie ist der älteste erhaltene elektrische Triebwagen der Dresdner Straßenbahn. Und diese wiederum blickt auf eine lange, erfolgreiche Vergangenheit zurück. Wer darüber mehr erfahren möchte, schwinge sich auf eine der hölzernen Straßenbahnbänke, bestelle sich zum kühlen Bier einen „Dresdner Batzen" mit Sauerkraut und hinterher die leckeren Quarkkeulchen mit Apfelmus und schaue sich, während die Köstlichkeiten über die Zunge wandern, in HELENES Umfeld etwas genauer um.
Die Ausgestaltung sämtlicher Räume im Restaurant DRESDEN 1900 steht unter dem Motto: Dresden zwischen Gründerzeit und Jugendstil. Neben zeitgemäßen Schildern und Fotos schmücken auch Schaffnermützen und diverse Hilfswerkzeuge die Wände. Sogar der Weg zur Toilette wird zum Bildungsgang in Sachen Straßenbahn.
Zentrum des Restaurants ist der Postplatz. Jeden Sonntag wird er zum Marktplatz mit amüsantem Schaffnerprogramm und reichlich Auswahl zum Familienbrunch. Apropos Schaffner: Selbstverständlich serviert und kassiert das Bedienpersonal in Straßenbahner-Uniform.
Das DRESDEN 1900 versteht sich als Museum im Restaurant. Oder Restaurant im Museum? Beides geht auf originelle Weise ineinander über. Das Konzept ist so heiter wie perfekt. Jeden Tag werden die Gäste mit einer anderen „Linienfahrt" überrascht. Montag ist Stammtischtag, Dienstag Schnitzeltag, am Mittwoch gibt es eine kleine, mit Schnaps gefüllte Schaffnermütze gratis, Donnerstag ist Eisbein- und Haxentag und so weiter und so weiter. Bei schönem Wetter wird zusätzlich im Biergarten, direkt neben der Frauenkirche bedient. Und wer am Abend zu Speis und Trank amüsant unterhalten werden will, kommt im DRESDEN 1900 garantiert auf seine Kosten. Regelmäßig gibt es Konzerte, Kochkurse, Dinner Shows und die beliebten Chanson-Abende mit der Schauspielerin Dorit Gäbler.

● DRESDEN 1900, An der Frauenkirche 20, 01067 Dresden
dresden1900.de
● ÖPNV: Haltestelle Altmarkt oder Pirnaischer Platz

DRESDEN 19
HELENE

Auf Schatzsuche

60 Der Neptunbrunnen in der Friedrichstadt

Man sagt, die Zeit heile Wunden. Manchmal schlägt sie auch welche. Dann nämlich, wenn ein großartiges Kunstwerk durch den Wandel seines Umfelds in Vergessenheit gerät. So geschehen dem Neptunbrunnen in der Friedrichstadt. Er gilt zwar nach wie vor als schönster Barockbrunnen Dresdens, doch wo er steht und wie man zu ihm findet, weiß kaum jemand. Es sei denn, er begibt sich mit einem Stadtplan zielgerichtet auf die Suche nach ihm und wird dafür mit einem wahren Schatz belohnt: Stolz gleitet das antike Götterpaar Poseidon und Amphitrite auf ihrem Muschelwagen übers tosende Meer. Eine imposante 40 Meter breite Szene in Sandstein. Einst bildete der Brunnen den krönenden Abschluss einer am Palais Brühl-Marcolini beginnenden Allee, die als Mittelachse durch einen französischen Garten verlief.

Aber das ist lange her. Nach 1845 brauchte die rasch wachsende Stadt freie Flächen und Räumlichkeiten für ein Krankenhaus. Zunächst nahm man das barocke Palais in Beschlag. Später folgten erforderliche Ergänzungsbauten. Leider mit wenig Rücksicht auf das kulturhistorisch wertvolle Areal und den Brunnen, der nun versteckt hinter einem der Gebäude stand. Das Krankenhaus Friedrichstadt hat sich zum Städtischen Klinikum und zum Akademischen Lehrkrankenhaus der Technischen Universität Dresden entwickelt.

Bald wurden Stimmen laut, den Neptunbrunnen aus seiner optischen Verdammnis zu befreien. Stadtbaumeister Erlwein wollte sogar die Klinikbauten wieder abreißen lassen. Doch zwischen Wollen und Tun ist bekanntlich ein weites Feld, und auf dem nagte 260 Jahre nach Fertigstellung des Brunnens mächtig der Zahn der Zeit. Der Sandstein bröselte. Figuren verloren einzelne Glieder. Der drohende Zerfall war absehbar.

Inzwischen hat der Neptunbrunnen die lang ersehnte Sanierung hinter sich und präsentiert sich dem Betrachter schöner denn je. Grund genug, sein leises Flehen nach einem würdigen, besucherfreundlichen Standort zu erhören. Im Großen Garten zum Beispiel. Doch davon kann er zurzeit nur träumen.

- Neptunbrunnen am Krankenhaus Dresden-Friedrichstadt, Friedrichstraße 41, 01067 Dresden
- ÖPNV: Haltestelle Krankenhaus Friedrichstadt

Feiern im Park

61 Am Japanischen Palais

In einer Großstadt wie Dresden ist es oft schwer, einen besinnlichen Ort zu finden. Einen Ort, ruhig gelegen und dennoch nahe dem Stadtgeschehen. Im Park des Japanischen Palais in der Inneren Neustadt gibt es ihn. Er schreit nicht eben: „Hier bin ich!" Man muss ihn schon suchen. Oder Bescheid wissen. Wer also – die Elbe im Rücken – auf der Wiese vor dem Japanischen Palais steht, nimmt linker Hand eine leichte Anhöhe wahr. Oben angelangt, steht er auf der Altendresdner Wallanlage, einem übrig gebliebenen Teil der früheren Festung. Der Blick über den Park hinweg auf die historische Altstadt ist bei jedem Licht und bei jedem Wetter Romantik pur und wert, ihn per Foto festzuhalten. Hier kann man durchatmen, kann das in den Museen und Sammlungen gewonnene Kunsterlebnis nachwirken lassen, kann die vielfältigen Eindrücke sortieren. Auch der Park selbst ist ein Ruhespender. Wie zwei riesige Wächter stehen die beiden Platanen vor dem Palais, das als Museum genutzt wird. Mit seinem geschwungenen Dach ist es ein Exot in der Stadt. Auch hier war August der Starke tonangebend. Einst samt Garten als Lustschloss für den holländischen Gesandten erbaut, erwarb er es nach dessen Tod und ließ es im asiatischen Stil umbauen. Grund dafür war Augusts Ansinnen, darin seine 40.000 Exponate zählende Sammlung asiatischen Porzellans dauerhaft zu präsentieren. Im Februar 1733 starb Friedrich August.

Der damalige Barockgarten wurde mehrmals umgestaltet, zeitweise als Hofgärtnerei genutzt und im 19. Jahrhundert schließlich mit der Wallanlage zu einem Park erweitert.

Apropos ruhiger Ort. Einmal im Jahr weicht die Ruhe der Lebensfreude. Und zwar im August, während des Palais Sommers, eines Festivals für Kunst, Kultur und Bildung. Ein Ort des ungezwungenen Sichkennenlernens. An die 30.000 Besucher, vom Kleinkind bis zum Großpapa, kommen in den Park, schauen zu, machen mit. Der Palais Sommer ist ein weltoffenes innovatives Festival, das Dresdner und Gäste zusammenführt. Es ist auf dem besten Weg, Dresdens größtes Sommerevent zu werden. Ohne Eintrittsgelder! Es gilt: Du gibst, was du kannst.

- Japanisches Palais, Palaisplatz 11, 01097 Dresden
palaissommer.de
- ÖPNV: Haltestelle Palaisplatz oder Antonstraße/Leipziger Straße

Hinaus ins Grüne

62 Am Hohen Stein in Plauen

Ein Aussichtsturm auf einem Felsen ist weder ungewöhnlich noch einmalig. Steht der Turm jedoch auf einem Felsbuckel aus Monzonit, sieht die Sache schon anders aus. Derartiges Gestein ist erdgeschichtlich gesehen nicht nur hochinteressant, sondern auch selten. Kurzum – in Plauen existierte vor Millionen von Jahren, zur Zeit des Kreidemeeres, eine Brandungsklippe. Deshalb birgt der Felsen noch heute fossile Meerestiere, eine Fundgrube für Archäologen und Geologen.

Der Hohe Stein erhebt sich über dem Plauenschen Grund, einem Durchbruchstal des Gebirgsflusses Weißeritz. Von hier aus hat man einen herrlichen Blick über große Teile Dresdens.

Zum Ende des 19. Jahrhunderts entstanden oberhalb des Plauenschen Grundes mehrere Parkanlagen und Aussichtspunkte auf Felserhebungen. Durch ein Netz von Spazierwegen miteinander verbunden, ist das Areal ideal zum stadtnahen Wandern. Leider ist die Gastwirtschaft nicht mehr erhalten, die der Schmiedemeister Friedrich August Frohberg im Jahr 1862 eröffnet hatte. Der von ihm finanzierte, Jahrzehnte später vom Zerfall bedrohte Aussichtsturm Hoher Stein wurde glücklicherweise im Jahr 2003 rekonstruiert und kann zu den Öffnungszeiten bestiegen werden.

Wanderer nehmen sich gern den nördlich gelegenen, 80.000 Quadratmeter großen Oberen Bienertpark zum Ziel. Einer von vier Parks, die der Mühlenbesitzer Erwin Bienert im Jahr 1906 hatte anlegen lassen. Gewissermaßen als Entschädigung dafür, was seine wachsenden Fabrikanlagen den Plauener Bürgern an Naturraum nahmen. Dank Bienert können wir dieses facettenreiche Naherholungsgebiet nach wie vor nutzen. Und wem nach so viel belebenden Natureindrücken nach einer Leckerei verlangt, dem sei unweit vom Hohen Stein auf der Coschützer Straße 34 das Café Pralinenherz empfohlen. Ein kleines, privat geführtes Café mit Werksverkauf. Was heißen soll, man stellt köstliche Pralinen und Schokoladen selbst her. Außer den Pralinen werden saftige sächsische Kuchen gereicht, sündhaft gute Eisbecher und heißer, duftender Kaffee.

● Hoher Stein, Zugang u. a. von der Schleiermacherstraße, 01187 Dresden
dresdner-stadtteile.de
● ÖPNV: Bahnhof Dresden-Plauen

Köstliche Berühmtheit

63 Die Dresdner Eierschecke

Glaubt man dem Schriftsteller Erich Kästner, dann „ist die Eierschecke eine Kuchensorte, die zum Schaden der Menschheit auf dem Rest des Globus unbekannt blieb".

Schon seit über 100 Jahren bereichert der beliebte Kuchen die regionalen Rezeptbücher. Inzwischen ist er aus den zahlreichen heimischen Backstuben nicht mehr wegzudenken. Mehr noch: Zwischen den Dresdner Bäckereien herrscht unterschwellig ein harter Wettbewerb. Wohl wissend, dass die verehrte Kundschaft – Bürger wie Touristen – die Frage bewegt: Welcher Bäcker in der Stadt bäckt die beste Eierschecke? Ist es Gradel, Wippler, Eisold, Hentschel, Walther oder doch ein ganz anderer? Und wie sieht die köstlichste aller köstlichen Eierschecken eigentlich aus? Ist es jene mit Rosinen, mit Mohn, mit Zucker bestreut oder mit zarter Schokoladendecke?

Die deprimierende Antwort auf beide Fragen lautet: Jeder finde es selbst heraus! Denn der Fantasie der Dresdner Eierschecken-Bäcker sind fast keine Grenzen gesetzt. Bis auf drei: Der Kuchen muss nach echt sächsischer Art aufgebaut sein. Das heißt: unten wenig Teig, oben viel „Matsche", also ein saftiger Belag, der nicht immer aus Früchten bestehen muss, wie die Eierschecke beweist. Wenn sie mit Herz, Verstand und Liebe gemacht ist, hat sie einen hauchdünnen Boden, darauf eine saftige Quarkschicht und darauf wiederum die namensgebende feine Masse aus Eigelb, Vanillepudding, geschlagenem Eiweiß und dem Geheimnis der jeweiligen Bäckerei.

Insidertipp: Der Renner unter den Eierschecken ist momentan jene ganz ohne Boden. Saftig, köstlich und in Tortenform. Wo es sie gibt? Im Dresdner Kaffeestübchen, nahe der Frauenkirche. Ein kleines, aber feines Café. Es wird gemunkelt, hier gäbe es die allerbeste Eierschecke. Vorzüglich im Geschmack und deshalb überaus begehrt. Wie auch immer, fest steht: Die Dresdner Eierschecke bleibt so lange eine glücklich machende Gaumenfreude, wie es Quark, Eier und Dresden gibt.

● Dresdner Kaffeestübchen, Salzgasse 8, 01067 Dresden
dresdner-kaffeestuebchen.de
● ÖPNV: Haltestelle Pirnaischer Platz

Kleine Quelle ganz groß

64 Der Heilige Born in Leubnitz-Neuostra

Zu Beginn des 20. Jahrhunderts nahm die Fläche Dresdens durch Eingemeindung kleinerer Ortschaften rasant zu. Trotzdem verstanden es mehrere Vororte, sich ihren dörflichen Charakter zu bewahren. So auch Leubnitz-Neuostra. Der alte, in Teilen denkmalgeschützte Dorfkern ist noch gut erhalten. Doch lohnt der Weg da hinaus auf der Suche nach einen Glücksort?

Unbedingt! Neben seinen renovierten Häusern und gepflegten Vorgärten hat der auf einer Anhöhe liegende Doppelort zwei Besonderheiten aufzuweisen: die evangelisch-lutherische Leubnitzer Kirche und den Heiligen Born.

Die relativ große Kirche ist noch immer eine der schönsten Dorfkirchen Dresdens. Besonders sehenswert sind die mit biblischen Szenen ausgemalte Kassettendecke und die ebenfalls bemalte Empore aus dem 17. Jahrhundert. Auf dem Friedhof ruht unter anderem Johann Georg Palitzsch, der im Jahr 1758 den Halleyschen Kometen entdeckte.

Etwa 10 Minuten Fußweg von der Kirche entfernt, in einem Seitenweg versteckt, sprudelt der Heilige Born empor – eine ergiebige Quelle im Mittellauf des Leubnitzbachs. Vor dem heutigen Zierbrunnen in steinerner Einfassung steht im Halbrund eine Bank, auf der man rasten und sich vielleicht auch der historischen Bedeutung der Quelle bewusst werden kann. Wegen ihres reinen Wassers, dem man im frühen Mittelalter heilende Kräfte zusprach, erblühte sie seinerzeit zu einem Wallfahrtsort für kranke Menschen. Sie wuschen sich mit dem Wasser und erhofften sich davon Heilung. Anfang des 16. Jahrhunderts nahm die Einwohnerzahl des zur Residenz erwählten Dresdens rasant zu. Mehr Trinkwasser war lebenswichtig. Jetzt besann man sich der Leubnitzer Quelle und begann im Jahr 1551 mit dem Bau einer Wasserleitung. In zunächst hölzernen, später sandsteinernen Rohren floss das kostbare Nass durch Strehlen bis nach Dresden. Das sind 5 Kilometer Luftlinie! Hut ab vor der Leistung der Konstrukteure und vor der Ergiebigkeit der scheinbar kleinen, aber großartigen Leubnitzer Quelle.

● Lubnitz-Neuostra, 01219 Dresden
dresdner-stadtteile.de
● ÖPNV: Haltestelle Klosterteichplatz

Mal still, mal stürmisch

65 Die Zwillingsbrunnen am Albertplatz

Wer am Abend einen Spaziergang über die Augustusbrücke und die Hauptstraße in die Neustadt unternimmt, dem eröffnet sich ein faszinierendes Schauspiel. Mit einsetzender Dunkelheit werden die Brunnen am Albertplatz angestrahlt. Obwohl sie in einiger Entfernung voneinander stehen, gehören sie doch zusammen, die Zwillingsbrunnen „Stille Wasser“ und „Stürmische Wogen“. Jeder für sich ist ein in Bronze gegossenes Meisterwerk des Bildhauers Robert Dietz, eingeweiht im September 1894.

Hinter einem Schleier aus unzähligen dünnen Wasserstrahlen agieren jeweils vier Figurengruppen. Bei den „Stürmischen Wogen“ auf der Westseite geht es hoch her. Elf überlebensgroße Figuren verkörpern die Kraft und Gewalt des Meeres, ja, des Wassers überhaupt. Fabelwesen begegnen sich in dramatischen Szenen: Die Schlangenpeitsche schwingend rast der Sturm übers Meer. Tritonen kämpfen gegen grimmige Seeungeheuer. Zwei Fischmenschen ringen um einen Seestern. In Gestalt eines Knaben wird er von den Wogen emporgehoben. Mit einer spitzen Muschel bedroht die Nixe einen Wels. Man hat Mühe, die bewegten Leiber auseinanderzuhalten.

Bei den „Stillen Wassern“ geht es versöhnlicher zu. Ruhe, Sanftheit, Liebe, Harmonie. Eine Figurengruppe in friedfertigem Miteinander. Das Meer zeigt sich von seiner schönen, den Menschen beglückenden Seite.

Beide Brunnen blicken auf eine bewegte Geschichte zurück. Für die Weltausstellung im Jahr 1900 in Paris wurde ein Teilstück der „Stürmischen Wogen“ im Zweitguss angefertigt. Er gewann eine Goldmedaille. Dieses Teilstück steht heute im Park des Hotels Schloss Eckberg. In der Schale desselben Brunnens stand nach Kriegsende bis zum Jahr 1991 ein sowjetisches Ehrenmal. Nichts gegen sowjetische Ehrenmäler, doch der jetzige Standort im Park des Militärhistorischen Museums dürfte der richtige sein. Zudem hat der Umzug die Erneuerung des Zwillingsbrunnens und seine Aufstellung am ursprünglichen Platz ermöglicht.

● Zwillingsbrunnen am Albertplatz, 01097 Dresden
● ÖPNV: Haltestelle Albertplatz

In Memory

66 Das Carl-Maria-von-Weber-Museum

Freunde klassischer Musik werden, wenn sie in Dresden und Umgebung Urlaub machen, ein besonderes Musikereignis nicht versäumen wollen: Die Oper „Der Freischütz“ von Carl-Maria von Weber in der Felsenbühne Rathen in der Sächsischen Schweiz. Webers gefühlsbetonte Musik vor dieser eindrucksvollen Kulisse zu erleben, das schwingt lange nach. Harmonischer können Musik und Natur sich kaum vereinen. Spätestens wenn Kaspar die Zauberkugeln gießt, glaubt man sich in der Wolfsschlucht inmitten des gruseligen Geschehens. Der graue Fels, rot vom Widerschein des Feuers, das in tosendem Ritt vorbeiziehende Wilde Heer, schließlich Samiels schaurige, das nahende Unglück verheißende Stimme, die den Zuschauern eine Gänsehaut beschert.
Dresden fühlt sich dem aus Eutin stammenden Carl-Maria von Weber von jeher verbunden. Im Jahr 1957 richtete die Stadt ihm zu Ehren im Stadtteil Hosterwitz ein Museum ein. In dem Haus verbrachte der Königliche Kapellmeister Carl-Maria von Weber mit seiner Familie mehrere Sommer. Auch komponierte er hier große Teile des „Freischütz“. Der Besucher des Museums befindet sich in den originalen Wohnräumen der Familie. Einfühlsam mit Möbeln, Gemälden und Zeichnungen, Büchern und Partituren ausgestattet, sind sie zugleich Museum und Gedenkstätte. Unter Einbeziehung des Gartens finden regelmäßig Konzerte, Vorträge und musikalisch-literarische Veranstaltungen statt.
9 Jahre wirkte Weber in Dresden. Am 5. Juni 1826 starb er während einer Konzertreise in London. Erst 18 Jahre später veranlasste Richard Wagner – glühender Verehrer Webers – die Überführung des Sargs nach Dresden. Unter großer Anteilnahme der Dresdner Bevölkerung hielt Richard Wagner auch die Grabrede, als der Meister auf dem Alten Katholischen Friedhof in der Friedrichstadt seine letzte Ruhe fand. Es empfiehlt sich, den Besuch des Museums mit einem Spaziergang durch den nahe gelegenen Park von Schloss Pillnitz zu verbinden oder mit dem Elbdampfer flussabwärts zurück zur Stadt zu fahren.

- Carl-Maria-von-Weber-Museum, Dresdner Straße 44, 01326 Dresden
webermuseum-dresden.de
- ÖPNV: Haltestelle Leonardo-da-Vinci-Straße

Mit Volldampf voraus

67 Die Parkeisenbahn

Sie ist den Dresdnern ans Herz gewachsen. Wohl auch deshalb, weil eisenbahnbegeisterte Kinder und Jugendliche im Fahrbetrieb tatkräftig mitmischen. In ihren blauen Uniformen stehen sie am Bahnsteig und bestimmen mit Kelle und Trillerpfeife, wann die Fahrt beginnt. Von Mitte April bis Mitte Oktober fährt die Parkeisenbahn mit gemütlichen 20 Stundenkilometern in einem Rundkurs durch den Großen Garten, vorbei an weiten Wiesen und Schatten spendenden Bäumen. Dabei legt sie in 30 Minuten eine Strecke von knapp 6 Kilometern zurück.
Egal, ob im offenen Wagen, den warmen Fahrtwind im Gesicht, oder bei kühlem Wetter im geschlossenen Wagen – die Fahrt mit der Mini-Eisenbahn bereitet nicht nur Kindern großen Spaß. Zwei Dampfloks und zwei E-Loks können jeweils bis zu zehnWagen ziehen. Ursprünglich war die Bahn lediglich als Ausstellungsbahn mit einer Liliputlokomotive für die Dresdner Hygieneausstellung in den Jahren 1930/1931 gedacht, wurde aber zu DDR-Zeiten als Pioniereisenbahn weiter betrieben.
Nach ihrem Start am Bahnhof Gläserne Manufaktur überquert die Lok mit ihrer Wagenkette die Hauptallee. Dort bleiben Skater, Radfahrer und Spaziergänger gern an der Strecke stehen, während die Bahn mit schrillem Pfiff an ihnen vorbeirattert.
Erste Station ist Bahnhof Zoo. Jetzt schon aussteigen? Nein, am Zoo kommt die Bahn auf der Rückfahrt noch einmal vorbei. Auffallend viele Fahrgäste steigen am Bahnhof Carolasee aus. Sie kehren im Carolaschlösschen ein oder schippern in einem der blauen Ruderboote gemächlich über den See. Wer am Bahnhof Karcherallee aussteigt, hat vielleicht die große Liegewiese zum Ziel. Weiter geht die Fahrt zum Bahnhof Palaisteich, bevor der Zug noch einmal am Zoo haltmacht und dann, vorbei an den Biergärten von Torwirtschaft und Wachstube, am Einstiegsbahnhof endet.
Mit etwas Glück trifft man das lustig ausschauende Maskottchen der Parkeisenbahn – das Eichhörnchen Parkolino, ausgestattet mit Eisenbahnermütze, Zugführerband und Trillerpfeife.

● Dresdner Parkeisenbahn im Großen Garten, 01219 Dresden
parkeisenbahn-dresden.de
● ÖPNV: Haltestelle Straßburger Platz

EA 01
„Meppl"

Verschobene Kirche

68 Auf der Dreikönigskirche

Was macht ein sächsischer Regent, wenn ihm beim Bau einer Prachtstraße eine Kirche im Wege steht? Er lässt sie abreißen und an anderer Stelle wiederaufbauen. So geschehen mit der Dreikönigskirche auf der Hauptstraße.

Ein Spaziergang hierher ist dem Besucher Dresdens aus zwei Gründen besonders zu empfehlen. Der erste Grund ist der Kirchturm. Die Aussichtsplattform bietet einen nicht alltäglichen Blick auf die Altstädter Seite. Die Augustusbrücke und die Reste der alten Stadtmauer mit der Brühlschen Terrasse sind zu sehen. Ebenso die bekannten Türme von: Rathaus, Kreuzkirche, Frauenkirche, Ständehaus, Katholischer Hofkirche und Hausmannsturm des Residenzschlosses. Geht hinter der Tabakmoschee die Sonne unter, wirkt es, als zaubere sie aus der bekannten Stadtkulisse einen Scherenschnitt.

Der zweite Grund für den Besuch der Dreikönigskirche ist eine wenig bekannte Kostbarkeit, die sich über dem Eingang des inneren Kirchenraums, unterhalb der Orgelempore, befindet: der Dresdner Totentanz. Er gehört zu den bedeutendsten Totentanz-Darstellungen Deutschlands. Das über 12 Meter lange, im Jahr 1535 vollendete Sandsteinrelief mit seinen 27 Figuren zierte ursprünglich das Georgentor des Schlosses. Totentanzdarstellungen waren zumeist an Friedhofsmauern von Dominikaner- und Zisterzienserklöstern zu finden. Menschen jedes Standes und Alters konnten vom Tod abgeholt werden. Ihre Angst davor zeigt sich in den Darstellungen. Leider fristet der Dresdner Totentanz trotz seiner historischen und künstlerischen Bedeutung ein Schattendasein. Kaum jemand kennt ihn oder nimmt ihn bewusst wahr. Deshalb sollte man ruhig einmal danach fragen.

Die Dreikönigskirche ist heute ein sakrales Mehrzweckgebäude. Am 27. Oktober 1990 fand im großen Festsaal die konstituierende Sitzung des Sächsischen Landtags statt. Sie bereitete den Weg für die Neugründung des Freistaates Sachsen.

● Dreikönigskirche, Hauptstraße 23, 01097 Dresden
hdk-dkk.de
● ÖPNV: Haltestelle Neustädter Markt

Alles Trödel, oder was?

69 In der Trödelschänke

Vielleicht schielt der Rathausmann wehmütig zu ihr hinunter und seufzt: „Ach ja, das war meine gute alte Zeit."

Ob die Jahre nach 1910/20 wirklich so gut waren, sei dahingestellt. Aber warum nicht für ein paar Stunden ins Gestern hineinschlüpfen und sich von den Dingen des Alltags unserer Groß- und Urgroßeltern erheitern oder zumindest in Staunen versetzen lassen?

Wer diesen Zeitsprung augenzwinkernd wagen und sich gleichzeitig mit köstlichen regionalen Speisen und Getränken verwöhnen lassen will, der öffne die Tür zur Trödelschänke. Obwohl sie im Herzen der Stadt liegt, stolpert man nicht eben über sie. Doch wer sucht, der findet bekanntlich und wird in diesem Fall mit optischen Eindrücken von besonderer Art überrascht.

Wenn man Gemütlichkeit mit Attributen wie heimelig, behaglich und lauschig definieren will, fühlt man sich hier so richtig wohl. Das Sammelsurium an gebrauchten Möbeln, Lampen, Wandregalen, Musikinstrumenten, Spiegeln, Vasen, Schmuckschalen, Spitzendeckchen und ähnlichem erlaubt einen heiteren Blick in die Vergangenheit. Bei so manch gutem Stück fragt man sich: Wozu haben die Leute das damals nur gebraucht?

Spätestens, wenn die freundliche Bedienung die Speisekarte bringt, ist einem die Antwort egal. Das Angebot ist groß und mutet erfreulich sächsisch an. Zum Beispiel: Eintopf – täglich zwei zur Auswahl. Grützwurst mit Sauerkraut. Kochfisch mit Senfsauce. Kartoffeln mit Quark, Leberwurst, Butterstückchen und saurer Gurke. Fettnapf mit Gewürzgürkchen und selbst gebackenem Brot. Und nach dem Essen handgefilterter Kaffee – wo hat man das noch? Dazu leckere Eierschecke und … und … und …

Für Freunde des blauen Dunstes gibt es im Untergeschoss eine Raucherlounge im Stil der 70er-Jahre mit Billardtisch.

Gut gesättigt verlässt man die Trödelschänke in der heiteren Gewissheit, einem längst vergangenen Alltag in nicht alltäglicher Weise begegnet zu sein. Bis zum nächsten Mal.

● Trödelschänke, Gewandhausstraße 9, 01067 Dresden
troedelschaenke.de
● ÖPNV: Haltestelle Pirnaischer Platz

Bauer und Himmelsgucker

70 Das Palitzsch-Museum in Prohlis

Freunde der Astronomie finden im Dresdner Stadtteil Prohlis einen Glücksort, den sie hier gewiss nicht vermuten. Auf den Feldern des ehemaligen Dorfes entstand von 1976 bis 1980 die erste große Plattenbausiedlung der Stadt mit Wohnungen für 30.000 Menschen.

Von dem Dorf ist wenig geblieben. Auch auf das Palitzsch-Haus schaut ein schlanker Sechzehngeschosser herab. Etwas neidisch, möchte man meinen, denn das kleine Haus mit dem steinernen Torbogen am Eingang und dem gepflegten Gartenstück hat ordentlich was zu bieten.

Im 18. Jahrhundert lebte hier der Bauer Johann George Palitzsch. Er war ein wacher Geist und ein fortschrittlich denkender Mann. Neben seiner Arbeit befasste er sich mit Mathematik, Physik und Astronomie, sammelte eifrig wissenschaftliche Instrumente und Kuriositäten und setzte manche öffentliche Neuerung durch. Als einer der ersten Bauern im Elbtal baute er auf seinen Feldern die Kartoffel an. Daran erinnert heute eine nahe gelegene Sonnenuhr in Form einer Kartoffel. Auf dem Dresdner Residenzschloss installierte Palitzsch den ersten Blitzableiter. Berühmt wurde Palitzsch jedoch durch eine herausragende astronomische Leistung. Er entdeckte als Erster den von Edmond Halley vorausgesagten, nach ihm benannten Kometen. Als Palitzsch am 25. Dezember 1758 von seinem Dachboden aus den langen Silberschweif des Kometen sah, war die Sensation perfekt. Führende Akademien Europas wurden auf den Bauern-Astronomen aufmerksam, zollten ihm Achtung und Anerkennung. Sogar am Dresdner Hof horchte man auf.

Im heutigen Heimat- und Palitzsch-Museum Prohlis informiert eine modern gestaltete Ausstellung über das Leben und Wirken des Landwirts und darüber hinaus über die Geschichte der Astronomie. Palitzschs Entdeckung veranlasste das Museum auch, seine Besucher anschaulich über den gegenwärtigen Stand der Kometenforschung zu informieren. Attraktion ist ein digitales Planetarium, welches man nach vorheriger Anmeldung besuchen kann.

● Heimat- und Palitzsch-Museum, Gamigstraße 24, 01239 Dresden
palitzsch-museum.de
● ÖPNV: Haltestelle George-Palitzsch-Straße

Exzellente Verführung

71 Im Coselpalais

Wer in der Dresdner Altstadt feinste Kaffeekultur genießen und sich obendrein in barocker Umgebung wissen will, der begebe sich ins Coselpalais. Bereits im großzügig mit Tischen ausgestatteten Ehrenhof zeugen Sandsteinfiguren und ein sprudelnder Wandbrunnen von der barocken Vergangenheit des Palais. Im Vestibül zieht es den Gast geradezu magisch zu der verführerischen Kuchen- und Tortentheke. Niemand kommt so ohne Weiteres an ihr vorbei. Zum einen, weil er zwangsläufig auf sie zugeht. Zum anderen, weil der optische Genuss den leiblichen ungemein vorwegnimmt. Auch die Suche nach dem besten Platz ist alles andere als leicht.

Jeder der vier Salons hat etwas Besonderes. Im Porzellanzimmer wird stilecht auf Meissener Porzellan serviert. Von der farbig bemalten Decke im Rosenzimmer schauen Engel herab, die mit Rosenblüten spielen. Im Spiegelzimmer scheinen große, in goldene Barockrahmen gefasste Spiegel den Raum optisch zu vergrößern. Das Vogelzimmer schmücken wertvolle, aus Meissener Porzellan gefertigte, exotische Vögel. Egal, wo man sich schließlich niederlässt, so exzellent wie das Ambiente ist auch die Speisekarte. Von der feinwürzigen Königspastete über herzhafte Crêpes bis zur opulenten Flugente und der hausgemachten Palais-Limonade. Die Küche hält, was die Karte verspricht.

TIPP

An der linken Seite des Palais geht es hinab zum Gewölberestaurant Pulverturm.

Und wem, bitte schön, verdanken wir das atmosphärische Palais? Etwa der spektakulären Mätresse Augusts des Starken, der Reichsgräfin Anna Constantia von Cosel? Nur indirekt! Denn nicht sie, sondern ihr Sohn Graf Friedrich August von Cosel ließ es errichten. Nach der Zerstörung großer Teile Dresdens durch die preußische Armee im Juli 1760 kaufte er eines der Ruinengrundstücke und ließ darauf ein prächtiges Palais errichten. Allerdings bewohnte er es kaum. In der Dresdner Bombennacht schwer zerstört, wurde es in Teilschritten bis zum Jahr 2000 wieder aufgebaut. Seitdem beherbergt es neben anderen Einrichtungen das über die Stadtgrenze hinaus beliebte Restaurant & Grand Café Coselpalais.

- Coselpalais – Restaurant & Grand Café, An der Frauenkirche 12, 01067 Dresden coselpalais-dresden.de
- ÖPNV: Haltestelle Pirnaischer Platz

Schnitzel

Liebenswert verrückt

72 Die Kunsthofpassage in der Neustadt

Typisch Neustadt, sagt sich, wer in dem nicht alltäglichen Wohnviertel auf Entdeckertour geht und in der Kunsthofpassage landet. Wie so oft in der Neustadt gilt auch hier die Devise: Alles, nur nicht normal! Man betritt eine bizarre bunte Welt. Ein Gemisch aus Spaß, Spiel und freigelassener Fantasie. Sanierte Häuser aus der Gründerzeit mit putzig dekorierten Fassaden, bei deren Anblick man schmunzelt und sich unwillkürlich fragt: Was ist das denn?

Mögliche Antwort: Das ist Kunst, und die gelangt bekanntlich über das Gefühl zum Verstand. Schön und gut, doch übers Gefühl allein haut das hier nicht hin. Ein Prospekt klärt auf: Jeder der fünf miteinander verbundenen Innenhöfe der Kunsthofpassage steht unter einem anderen Motto. Das zeigt sich bereits in den ausgefallenen Formen und den grellen Farben.

Im Hof der Elemente stehen sich Blau für Wasser und Gelb für Sonnenlicht gegenüber. Allerdings nicht einfach so. An der blauen Hauswand winden sich dicke Fallrohre. Durch sie fließt das Regenwasser in ein trichterförmiges Metallbecken. Das Irre dabei: Auf dem Weg dorthin berührt das Wasser diverse Instrumente. Auf diese Weise erklingt jede halbe Stunde eine vom Element Wasser komponierte Musik.

Der blauen Regenwand gegenüber steht ein Haus mit gelber Fassade und scheinbar vom Wind gebogenen Alu-Blechen. Die anderen vier Höfe präsentieren sich nicht weniger originell.

Beim Bummel durch die Passage schaut man gern in die Läden in den Erdgeschossen hinein. Stöbern macht Spaß. Zum Beispiel in der „Fruchtfliege", im Feng-Shui-Haus oder bei „Teerausch". Und danach stärkt man sich im Kneipenrestaurant Lila Soße. Ja, die Kunsthofpassage ist erfrischend anders. Irgendwann kommt der Moment, da hat man den Wunsch, hier länger zu verweilen. Na, wenn das kein Glücksort ist …

- Kunsthofpassage Dresden, Görlitzer Straße 21–25 und Alaunstraße 70, 01099 Dresden, kunsthof-dresden.de
- ÖPNV: Haltestelle Görlitzer Straße

CRAFT
BEER
STORE

Mal die Sau rauslassen

73 Die Messe im ehemaligen Schlachthof

Einmal alle Sorgen abwerfen, mitsingen, kreischen, mit 10.000 Leuten den Alltag im Rocknebel vergessen. Manchmal muss das sein. Aber wo geht das im gutbürgerlichen Dresden? Seit 1999 lautet die Antwort: in der Messe. Nein, Dresden will Leipzig keine Konkurrenz machen. Seit der Eröffnung der MESSE DRESDEN verfügt die Stadt über ein großzügiges Ausstellungs- und Eventzentrum. Nicht, wie man vermuten könnte, auf der grünen Wiese errichtet, sondern auf dem 35 Hektar großen Gelände des früheren städtischen Schlachthofs.

Anfang des 20. Jahrhunderts war dieser mit 68 jetzt denkmalgeschützten Gebäuden der modernste Vieh- und Schlachthof Europas. Der Standort in einem Überschwemmungsgebiet der Elbe war damals eine echte Herausforderung für Stadtbaurat Hans Erlwein. Er veranlasste eine 3 bis 4 Meter hohe Aufschüttung des Geländes, wodurch eine bebauungsfähige Insel entstand.

Im ersten Moment erscheint der Umbau eines ehemaligen Schlachthofs zu einer Ausstellungs- und Spielstätte pietätlos, und ob Veganer sie aus diesem Grund meiden, ist nicht bekannt. Auf jeden Fall gelang den Architekten der MESSE DRESDEN eine einzigartige Symbiose von sanierten landwirtschaftlichen Nutzgebäuden und modernen Ergänzungsbauten. Zur Freude der Dresdner und ihrer Gäste. Die beliebten lokalen Messen reichen vom Raumdesign über Tierschauen bis hin zur Reise- und Hochzeitsmesse.

Gegenüber hat sich im Ostrapark das „Zentrum für Eventkultur in Dresden“ etabliert. Ein echtes Highlight dieser Anlage ist neben dem Erlwein-Capitol die mit Palmen und exotischen Kübelgewächsen umstellte Seebühne. Die variable Verbindung der einzelnen Gebäudemodule lässt ganz neue Veranstaltungskonzepte und faszinierende Open-Air-Inszenierungen zu. Hier erlebt man Dresden von einer anderen Seite: bunt, schrill, laut. Und das, ohne die schlummernde Stadt zu stören.

● MESSE DRESDEN GmbH, Messering 6, 01067 Dresden, messe-dresden.de
● ÖPNV: Haltestelle Messe Dresden

Beim Nachbarn zu Gast

74 Das Wenzel Restaurant am Postplatz

Guter Hopfen, gutes Wasser und ein Händchen zum Brauen. Das braucht, wer ein vorzügliches Bier in Flaschen und Fässer füllen will. Unsere tschechischen Nachbarn beherrschen das Bierbrauen von jeher meisterlich. Doch wo bekommt man in Dresden ein köstliches, frisch vom Fass gezapftes tschechisches Bier, wenn die Kehle staubt? Bei Wenzel am Postplatz. Schon wegen seiner zentralen Lage zwischen der historischen und der modernen Dresdner Altstadt kehren Einheimische und Touristen gleichermaßen gern hier ein.

Doch das gut besuchte Wirtshaus, das sich über zwei Etagen erstreckt, erweist sich nicht nur für Freunde tschechischen Biers als beglückender Ort. Auch mit der Speisekarte lässt Böhmen kulinarisch grüßen. Besonders beliebt sind das „Pilsner Rindergulasch mit Zwiebelstreifen“ und die „Kleine Böhmische Rauchhaxe in Schwarzbiersoße mit Sauerkraut“. Beides natürlich serviert mit echten Böhmischen Knödeln. Übrigens – Wenzel ist nicht etwa der Name des Besitzers des Restaurants, sondern des bedeutendsten Heiligen der Tschechen. Um ihn rankt sich eine traurige Geschichte, die sich im frühen Mittelalter zugetragen hat: Wenzel von Böhmen lebte vermutlich in den Jahren 908 bis 935. Der Fürst war das Oberhaupt der böhmischen Stämme. Hinterlistig in eine Falle gelockt, starb er durch die mörderische Hand seines eigenen machthungrigen Bruders. Über alle Zeiten hinweg hing das Herzblut der Böhmen am heiligen Wenzel. Kein Wunder, dass sein Todestag, der 28. September, zum Feiertag erklärt wurde.

Wer die schmale Treppe hinauf in die zweite Etage geht, hat linker Hand eine dunkel gestrichene Wand mit zahlreichen Gemälden und Fotos, die alle in irgendeiner Weise mit Wenzel und Prag zu tun haben. Die lockere Atmosphäre, die in dem Lokal herrscht, zieht besonders junge Leute an, die sich abends gern hier treffen. Und für Romantiker ist der direkte Blick zum Kronentor bei Tag und bei Nacht ein ganz besonderes Dresdner Highlight.

- Wenzel Dresden-Postplatz, Postplatz 2, 01067 Dresden
wenzel-restaurant.de
- ÖPNV: Haltestelle Postplatz

Wenzel
Der Wenzel für Daheim
Essen to go:
Alle Infos:

Klänge in Meissener Porzellan

75 Das Glockenspiel im Zwinger

Der Dresdner Zwinger, der einstige Festplatz Augusts des Starken, hält für den Besucher zahlreiche Überraschungen bereit, optischer wie akustischer Natur. Am Glockenspielpavillon erlebt man beides. Von der Galerie aus kann man dem Spiel der 40 Glocken aus Meissener Porzellan in Augenhöhe zuhören und zuschauen. Vor allem die kleineren Glocken vibrieren sichtbar, wenn sie von ihrem lederbezogenen Stößel angeschlagen werden.

Jeden Tag – jeweils zur vollen Stunde – stehen zahlreiche Besucher vor dem Pavillon. Gespannt blicken sie hinauf zu den in 8 Meter Höhe hängenden Glocken und hoffen leider vergeblich auf ein kleines Spiel, ein Lied, eine Serenade, ein Minikonzert. Hier zeigt sich wieder einmal: Wissen ist Macht! Dreimal am Tag erwacht das Glockenspiel dank elektronischen Innenlebens tatsächlich zu einem munteren Spiel von ungefähr 5 Minuten. Und zwar 10:15 Uhr, 15:15 Uhr und 18:15 Uhr. Dabei treffen die Glocken die Töne so genau, dass es sogar Musiker mit geschultem Gehör erstaunt. Nicht der kleinste Misston stört den Klanggenuss. Wie ist das möglich, wenn man bedenkt, dass jede Glocke nach zweimaligem Brand 16 Prozent ihres Anfangsgewichts verliert?

Die Antwort ist so einfach, dass kaum jemand von selber darauf kommt. Beim Glattbrand, der den Glocken die schützende Glasur verpasst, bleibt unten ein schmaler Rand Rohporzellan. Dieser kann später zur Korrektur des Tons abgeschnitten oder abgeschliffen werden. Übrigens – das erste in der Meissener Manufaktur geschaffene Porzellan-Glockenspiel hängt im Turm der Frauenkirche am Meißner Markt.

August der Starke seufzte einst, er hätte die „Porzellanomanie". Wer ebenfalls darunter „leidet", sollte unbedingt in die Manufaktur im Meißner Triebischtal fahren und sich am Ursprungsort allen Porzellangeschehens an den filigranen Herrlichkeiten erfreuen. Denn nur in der Manufaktur selbst erfährt er wirklich, was die Porzellanglocke einst und jetzt geschlagen hat.

- Glockenspielpavillon am Zwinger, 01067 Dresden
- ÖPNV: Haltestelle Theaterplatz oder Postplatz

Innehalten

76 Raum der Stille in der Frauenkirche

Das stundenlange Warten vor dem Kircheneingang ist längst vorbei. Zu den regulären Öffnungszeiten steht die Tür am Eingang D allen Besuchern für die freie Besichtigung der Frauenkirche offen.
Man tritt ein, schaut sich um im Rund des Kirchenraums, setzt sich einen Moment, hält inne, staunt über die Ausmalung der Kuppel und den reich mit Gold geschmückten Altar. Die meisten Besucher gehen dann, dem Menschenstrom folgend, zum Ausgang B wieder hinaus. Oftmals wissen sie nicht, dass auf der linken Seite eine Treppe hinunterführt in die Unterkirche, in die ehemalige Krypta, heute der Raum der Stille.
Das Bogengewölbe aus ockerfarbenem Sandstein steht in seiner Schlichtheit im krassen Kontrast zum prächtigen Kirchenraum. Die einstigen Grablegen sind jetzt künstlerisch gestaltete Kapellen: Andachts- und Meditationsraum, Raum der Grabsteine, Raum der Zerstörung, Nische der Hoffnung. Eindrucksvoll dokumentieren sie Zerstörung und Neubeginn. Beeindruckend ist auch der monumentale Altar aus schwarzem irischem Kalkstein, geschaffen von dem in Indien geborenen jüdischen Künstler Anish Kapoor.
Der Altar bildet den Ruhepunkt in dem Gewölbe. Hier zu verweilen, empfinden Menschen aus allen Teilen der Welt als großes Glück. Besonders jene Zigtausend, die vom 10-Euro-Schein bis zur Millionenspende selbst mit zum Aufbau der Frauenkirche beigetragen haben,
Wer im Raum der Stille verweilt, lässt den Trubel der Großstadt hinter sich. Ruft sich noch einmal ins Bewusstsein, zu welch gewaltiger Leistung Menschen fähig sind, wenn sie ein hehres Ziel vereint.
Gegen Mittag füllt sich oben der Kirchenraum. Die Orgelandacht mit anschließender Kirchenerklärung steht bevor. In dieser Stunde von 12 bis 13 Uhr bleibt der Tourismus vor der Tür. Die Friedensglocke Jesaja läutet. Das Gemurmel verstummt. Die Kirche atmet Ruhe. Jetzt darf sie ihrer eigentlichen Bestimmung nachkommen, darf sein, was sie trotz weltweiter Bewunderung bleiben will: ein ganz normales Gotteshaus.

● Frauenkirche Dresden, Neumarkt, 01067 Dresden
frauenkirche-dresden.de
● ÖPNV: Haltestelle Altmarkt

Ein Speicher zum Pennen

77

Der Erlweinspeicher

Was für ein seltsames Gebäude! Dieser Gedanke mag aufkommen, betrachtet man den Koloss vom Neustädter Elbufer aus. Mancher mag ihn als störend empfinden, so nahe der barocken Altstadt. Dabei hat sich sein Schöpfer seinerzeit richtig ins Zeug gelegt, um der Bestimmung des Baus als Stadtspeicher ebenso gerecht zu werden wie der Forderung nach einem wohlgefälligen Erscheinungsbild. Mit etwas Fantasie erinnern Bauform und Fassade an barocke Bürgerhäuser.

Doch wie sieht der Speicher, der einmal eine Lagerfläche von über 19.000 Quadratmetern hatte, heute von innen aus? Was hat es mit dem breiten Glaseinsatz im Dach auf sich? Und wieso ist der im Jahr 1914 errichtete Eisenbeton-Skelettbau am früheren Ausschiffungsplatz jetzt ein Hotel?

Nach einem Spaziergang über die Augustusbrücke betritt man neugierig das Gebäude, hebt den Blick und staunt. Es ist, als sei das Innere einer Frucht herausgeschält worden und nur die harte Schale wäre noch da. In diese „Schale“ sind 328 Zimmer inklusive 40 Suiten eingefügt. Auf neun Etagen. Die wollen rund ums Jahr belegt sein. Doch auch daran hat der Betreiber des Hotels Maritim gedacht. Neben dem ehemaligen Speicher entstand das zum Hotel gehörende ICC – das Internationale Congress Centrum.

Mit dem Dachdurchbruch in 40 Metern Höhe erhielt der Speicher ein riesiges Atrium. Es spendet dem Hotelfoyer Tageslicht. Am Nachmittag strömt Kaffeeduft vom elbseitig gelegenen Restaurant herüber, das sich samt Wintergarten über die gesamte Hausbreite erstreckt. In anspruchsvollem Ambiente speist der Gast mit freiem Blick über die Elbe bis zum Park des Japanischen Palais. Zum Entspannen stehen dem Gast ein großzügiger Wellnessbereich, eine Dampfsauna, eine finnische Sauna und ein Fitnessraum zur Verfügung.

Spätestens jetzt wird klar: Aus dem Erlweinspeicher ist kein gewöhnliches Hotel geworden. Wo früher Stoffe, Tabak und Gewürze lagerten, lädt heute ein exklusiver Ort zum Übernachten und Verweilen ein.

- Erlweinspeicher, Devrientstraße 10–12, 01067 Dresden
- ÖPNV: Haltestelle Kongresszentrum

Ein Maler mit Weitblick

78 Das Denkmal für Caspar David Friedrich

Sinnreiche Sprüche gibt es zuhauf. Wer sich damit hervortun will, weiß sich bei Geheimrat von Goethe auf der sicheren Seite. Doch nicht nur Dichter haben uns Gedanken von bleibendem Wert geschenkt. Am östlichen Ende der Brühlschen Terrasse, überdacht vom Blätterwerk einer riesigen Platane, lesen wir auf einer Tafel: „Der Maler soll nicht bloß malen, was er vor sich sieht, sondern auch, was er in sich sieht. Sieht er also nichts in sich, so unterlasse er es zu malen, was er vor sich sieht."

Die Tafel gehört zum Denkmal für den Maler Caspar David Friedrich. Es ist eine Kunstschmiedearbeit aus Edelstahl und Bronze von dem Bildhauer Wolf Eike Kuntsche. Die Anregung dazu fand er in dem Gemälde Friedrich Kerstings „Caspar David Friedrich in seinem Atelier". Alle Teile des Denkmals ergeben ein großes Ganzes: Im Zentrum schwebt eine Kugel – Symbol für Friedrichs künstlerischen Geist. Ihn verbinden mehrere Strahlen mit jenen Dingen, die dem Maler in seinem Atelier am wichtigsten waren: der Stuhl, auf dem er saß, das Fenster, das ihm Tageslicht spendete, die Staffelei, an der er seine Bilder malte.

Caspar David Friedrich lebte und arbeitete von 1798 bis zu seinem Tod 1840 in Dresden. Er gilt als Vorreiter der romantischen Malerei. Mit der emotionalen Tiefe seiner Bilder gab er der Landschaftsmalerei eine neue Dimension. Doch nach 1820 war seine romantische Sicht- und Malweise nicht mehr zeitgemäß. Er zog sich zurück, wurde trübsinnig, legte Hand an sich. In einem Gedicht schrieb er: „Ihr nennt mich Menschenfeind, weil ich Gesellschaft meide. Ihr irret euch, ich liebe sie. Doch um die Menschen nicht zu hassen, muss ich den Umgang unterlassen." Nach seinem Tod geriet der einst erfolgreiche Maler in Vergessenheit. Erst 1906, auf einer Ausstellung in Berlin, entdeckte man ihn neu.

Wer beim Betrachten des Denkmals neugierig auf die Bilder Caspar David Friedrichs geworden ist, findet eine hochkarätige Sammlung in der Gemäldegalerie Neue Meister im Albertinum, nur wenige Schritte von dem Denkmal entfernt.

- Denkmal für Caspar David Friedrich, Am Hasenberg 1, 01067 Dresden
- ÖPNV: Haltestelle Synagoge

DER MALER SOLL
NICHT BLOSS MALEN,
WAS ER VOR SICH SIEHT
SONDERN AUCH,
WAS ER IN SICH SIEHT.
SIEHT ER ALSO NICHTS
IN SICH,
SO UNTERLASSE ER
AUCH ZU MALEN,
WAS ER VOR SICH SIEHT.
C · D · F

Es weihnachtet sehr

79 Weihnachtsstadt Dresden

In der Adventszeit erfährt Dresden eine geradezu magische Wandlung. Wie von Zauberhand berührt, verändert die nahe Weihnacht die Stadt. Straßen und Plätze füllen sich mit Holzbuden. Wohlgerüche entströmen ihnen, von herzhaft bis kuchensüß. Weihnachtliche Melodien erklingen. Manch ein Besucher summt sie leise mit und hat nichts dagegen, dass der Marktbummel zur kalorienreichen Naschtour wird. Die Verführung ist groß, denn Dresden wartet gleich mit zwölf Weihnachtsmärkten auf. Frei nach der Lebensmaxime Augusts des Starken: Wenn schon, denn schon!

Inzwischen zählt Dresden zu den beliebtesten Weihnachtsstädten Deutschlands. Weihnachtsmuffel rümpfen die Nase. Weihnachtsfreunde jauchzen und erwählen die Stadt im Dezember gern zu ihrem Glücksort; jährlich sind das etwa 2,5 Millionen.

Ganz vorn in der Beliebtheit stehen neben dem Striezelmarkt der Mittelalterliche Weihnachtsmarkt im Stallhof, der Traditionelle Weihnachtsmarkt an der Frauenkirche und der Augustusmarkt auf der Hauptstraße am Goldenen Reiter. Größter Besuchermagnet ist und bleibt natürlich der Striezelmarkt. Er darf sich rühmen, „der älteste urkundlich belegte Weihnachtsmarkt Deutschlands“ zu sein. Am Eingang begrüßt den Markbesucher ein riesiger Schwibbogen. Kinder bleiben staunend vor dem historischen Riesenrad, dem nostalgischen Etagenkarussell, der Eisenbahn im Märchenland und der überdimensionalen, leise sich drehenden Erzgebirgspyramide stehen. Väter nehmen ihre Steppkes gern auf den Arm, damit sie die lustigen Dachdekorationen der Verkaufsbuden besser sehen. Und an jedem Adventstag überrascht der Striezelmarkt seine kleinen und großen Gäste mit einem anderen vorweihnachtlichen Programm. Vom Stollenfest über den Bergmannsabend bis hin zum beliebten Pflaumentoffelfest.

Dieses muntere Geschehen vom Turm der Kreuzkirche aus zu betrachten, ist besonders eindrucksvoll. Glitzert dann noch auf den Straßen und Dächern frisch gefallener Schnee, gibt es keine Zweifel mehr: In Dresden weihnachtet es sehr.

- Dresdner Striezelmarkt, Altmarkt 23, 01067 Dresden
  dresden.de/striezelmarkt
- ÖPNV: Haltestelle Altmarkt

DRESDNER PHILHARMONIE
SHEKETAK
DIE TANZ- & PERCUSSION-SHOW AUS ISRAEL
BESUCHERZENTRUM
FRAUENKIRCHE
Ausgang

Abgedampft

80 Im Eisenbahnmuseum Dresden

Dresden und die Eisenbahn, das ist ein Kapitel für sich. Es begann mit der von Andreas Schubert gebauten „Saxonia". Im Frühjahr 1839 durfte sie hinter den beiden, von englischen Loks gezogenen Festzügen herfahren. Anlass war die Einweihung der ersten Ferneisenbahn Deutschlands von Dresden nach Leipzig. Anfang des 20. Jahrhunderts entwickelte sich Dresden zu einem wichtigen Eisenbahnknoten, was den Bau eines großen Bahnbetriebswerkes (BW) in der Altstadt erforderte. In Hochzeiten warteten bis zu 120 Dampflokomotiven auf ihre Durchsicht. Heute ist das BW das Eisenbahnmuseum und zugleich ein technisches Denkmal. Im Haus 1 kann eine imposante Auswahl Dresdner Dampflokomotiven besichtigt werden. Wie schwarze Ungetüme stehen sie im alten Ringlokschuppen und auf der Drehscheibe nebeneinander. Tritt man näher, nimmt man den Geruch von Kohle und Maschinenöl wahr und wünscht sich, die Kessel würden gleich geheizt und die Loks setzten sich schnaubend in Bewegung. Das kann man haben. Allerdings nur an bestimmten Tagen und zu besonderen Anlässen, wie dem Beginn und dem Abschluss der Saison, bei denen zusätzlich Führerstands-Mitfahrten auf einer E-Lok von 1925 angeboten werden.

Ein fester Termin für Eisenbahnfreunde ist das jährliche Dampfloktreffen im April. Mit Rahmenprogramm auf dem Festgelände, attraktiven Gastlokomotiven und Sonderfahrten, zum Beispiel nach Freiberg, Bautzen, Berlin und dem tschechischen Usti nad Labem. Dann steht eine Armada historischer Lokomotiven bereit. Laut pfeifend und zischend zeigen die „alten Damen", was sie noch auf dem Kessel haben. Der Renner unter den Events des Treffens sind die „Nachtfotoparade" und „Dampf & Dixie". Alle Sonderfahrten beginnen und enden am Dresdner Hauptbahnhof.

Und wenn Ihnen, liebe Leser, irgendwann der Alltag über den Kopf wächst oder Sie nicht wissen, wohin Sie der nächste Urlaub führen soll, dann rate ich Ihnen: Dampfen Sie einfach mal ab. Nach Dresden!

● Eisenbahnmuseum Dresden IG BW Dresden-Altstadt e. V., Zwickauer Straße 86, 01187 Dresden, igbwdresdenaltstadt.de

● ÖPNV: Haltestelle Zwickauer Straße oder Chemnitzer Straße

03648-8
EISENBAHNMUSEUM
Unt Hilb
02.11.15

Danke für ihre Unterstützung sage ich Rainer Lewicki, Thomas Wiedner und Albrecht Hoch

Bibliografische Informationen der Deutschen Nationalbibliothek
Die Deutsche Nationalbibliothek verzeichnet diese Publikation in der Deutschen Nationalbibliografie; detaillierte bibliografische Daten sind im Internet über dnb.d-nb.de abrufbar.

4., aktualisierte Auflage 2025

Konzeption/Satz: Droste Verlag, Düsseldorf
Einbandgestaltung und Illustrationen: Britta Thiele, Marbach am Neckar, unter Verwendung von Bildern von © Fotolia.com: jd – photodesign.de; © iStock: Plociennik Robert
Fotos: Thomas Wiedner, außer:
Carla Arnold, Museen der Stadt Dresden: S. 139; Botanischer Garten der TU Dresden: S. 85; Coselpalais Rank & Büttig GmbH & Co. KG: S. 149; DRESDEN 1900 Museumsgastronomie: S. 125; Dresdner Comedy & Theater Club: S. 57; Dresdner Gewölberestaurants: S. 65; Eisold KG: S. 89; Christine Fischer: S. 17, 19, 41, 55, 81, 135, 155; Claudia Jacquemin, Michael Schmidt, Staatliche Kunstsammlungen Dresden: S. 47; MEISSEN®: S. 157; Peter Moche: S. 165; Christoph Münch (DML BY): S. 73; Pfunds Molkerei Dresden: S. 63; Rank & Büttig Handels- und Verwaltungs GmbH: S. 45; Michael Schmidt © 2016, Schutzverband Dresdner Stollen e. V.: S. 105; Kai-Uwe Schulte-Bunert, Staatsoperette Dresden: S. 43; Tom Schulze, asisi: S. 13; Holger Schütze: S. 77; Frank Sorge, galoppfoto.de: S. 15; Ute Stohr, Schießhaus Dresden: S. 111; Franz Zadnicek, Museen der Stadt Dresden: S. 147

MIX
Papier | Fördert gute Waldnutzung
FSC® C011279

Druck und Bindung: LUC GmbH, Greven
ISBN 978-3-7700-2040-9

droste-verlag.de